한국기독교문학대표시인선 • 3

광야 나그네 길

안 정 헌 제 2시집

창조문학사

□ 시인의 말

단문적 신앙

저는 41년에 북한 원산에서 태어나서 해방 직후 신앙의 자유를 찾아 남하하셨던 부모님을 따라 38선을 넘어 왔고 동란 중 아버지를 잃은 후에는 폭격으로 부상당하신 어머님의 사랑과 희생 속에서 어려운 삶을 살았습니다. 중고등학교 시절에는 버스 값이 없어 왕복 30리가 넘는 길을 걸어서 통학하기도 했습니다. 그러다보니 저는 어머님의 간절한 기도에도 불구하고 어떻게 하든지 하나님을 부정하려 했고 실존주의 철학과 허무주의에 심취해서 반항적인 삶을 살았습니다.

그러나 나중에 깨달은 일이지만 주님께서는 언제나 저를 사랑해 주셨습니다. 기도 손 어머님, 좋은 선생님들과 친구들을 만나게 해 주셨고 다양한 책을 읽을 수 있는 환경도 마련해 주셨습니다. 연세대 국어국문학과를 졸업하자마자 당시의 내 형편으로서는 상상할 수도 없는 미국평화봉사단 한국어 강사로 미국에 갔다 오는 기회를 만들어 주셨고 연세대 한국어 학당 강사, 신일중학교 교사, 미국평화봉사단 교육원장 등 좋은 직장에서 일할 수 있는 기회를 주셨습니다. 그리고 주님께서는 77년에 다시 도미하여 유학할 수 있는 기회를 주시고 81년에 펜실바니아 주립대학교 대학원에서 박사 학위도 받도록 밀어 주셨습니다. 정말 웬 큰 은혜입니까?

81년부터 부산대 영어영문학과 교수로 봉직하게 되었는데 저는 바쁘다는 핑계로 다시 주님에 대한 감사와 감격을 잊어버리고 그저 외식하는 크리스천의 삶을 살게 되었습니다. 그러나 주님께서는 제가 신앙적으로 나태해 있을 때 강권적으로 저를 인도에 2년간 보내 주셨고 그곳에서 정말 주님의 강권하심에 의하여 선교사적인 삶을 살도록 만드셨습니다. 그 결과 저는 잘 훈련된 크리스천으로 살게 되었고 제 삶을 주님을 위해 바치겠다는 결심을 하게 되었습니다.

귀국 후에는 기회만 있으면 주님의 말씀을 전하는 일에 열심이었고 중국 연변과학기술대학 초청으로 여름 방학 때마다 4년간 중국의 영어교사들에게 영어를 가르치는 평신도 선교사의 삶을 살기도 했습니다. 그리고 중국에서의 봉사 중, 오차원 전면교육을 창안한 원 동연 박사를 만나 제 삶을 업그레이드 시키는 계기를 만들었고 이 만남으로 하여 DIA 대학교의 총장으로 4년 반 동안 봉사할 수 있었고 현재는 베트남의 젊은이들을 가르치며 살고 있습니다.

현재 제 신앙을 요약하라고 하면 저는 주저 없이 단문적 신앙이라고 요약하고 싶습니다.

창세기를 보면 아담과 하와는 처음에는 에덴동산에서 단문만 말하며 행복하게 살았던 것 같습니다. 그러다가 사탄의 유혹으로 선과 악을 알게 하는 나무의 열매를 따 먹은 후에는 타락하게 되고 그 결과로 인류 최초의 복문을 말하게 되는 것을 찾아볼 수 있습니다.

하나님께서 아담에게 "내가 너더러 먹지 말라 명한 그 나무 실과를 네가 먹었느냐?" 라고 물었을 때, 아담은 "하나님이 주셔서 나와 함께하게 하신 여자 그가 그 나무 실과를 내게 주므로 내가 먹었나이다." 라고 복문으로 핑계를 대었고, 하와도 하나님의 질문에 "뱀이 나를 꾀므로 내가 먹었나이다. "라고 복문으로 대답하는 것을 볼 수 있습니다.

저는 일생동안 영어를 가르쳐 온 영어교육 전문가입니다. 저는 20여 년간 왜 영어가 그토록 배우기 어려운지 그 원인을 발견하기 위해서 고민을 해 왔는데 그 이유가 복문이라는 사실을 발견하게 되었습니다.

우리는 중학교 1학년 때 영어 단문만 공부합니다. 그러다가 중학교 2학년부터는 복문을 배우기 시작하고 그 이후부터 고등학교 2, 3학년이 되면 복문 덩어리로 된 문장을 읽으면서 고민하는 영어교육을 해 왔습니다. 그래서 그런지 중학교 1학년 때는 95%의 학생들이 "나는 영어를 사랑합니다." 라고 말하다가 중학교 3학년이 되면 90%의 학생들이 "나는 영어를 싫어합니다." 라고 말하게 되는 충격적인 사실을 보게 됩니다.

그 원인은 복문입니다. 복문은 그 표현 그대로 복잡한 문장입니다. 종속절과 주절 사이에 성, 수, 격을 일치 시켜야 하고 시제를 일치시켜야 하는 고민을 하게 만드는 문장이 복문입니다. 가정법도 복문이지요. 하지만 가정법은 일치를 시키면 문제가 되지요. 이런 식으로 공부하다 보니까

우리는 영어를 미워하게 되고 영어를 포기한 '영포자'가 되고 마는 것입니다.

영어를 잘 하는 방법은 단문을 확실하게 잘 말하도록 배우는 것입니다. 공연히 남을 속이기 위해서, 남에게 혼란을 주기 위해서, 복문을 사용하지 말고 단문만을 사용한다면 우리는 유창한 영어를 사용하면서 국제사회에서 행복하게 살 수 있습니다. 그리고 일반 사회생활이나 신앙생활에서도 모국어를 사용할 때 단문 중심으로 의사소통을 한다면 우리는 아름다운 인간관계를 지속하면서 질 높은 삶을 살아갈 수 있을 것입니다.

그래서 저는 이 세상을 살아가는 동안 광야 나그네 길로 살다가 주님나라 가기 전

주님, 사랑합니다!
주님, 찬양 드립니다!
주님, 감사드립니다!

이 세 가지 고백만 할 수 있도록 늘 연습하고 있습니다.

2013년 12월
秋陵 안 정헌

안정헌 제 2시집

| 차 례 |

제 3부 아름다운 사람들

제 4부 베트남의 시간

제 5부 가나다라 마바사

제 1부

내 아내

“

아내를 위해 시를 쓰기 시작했다.
아직도 ‘여보’라고 부르지 못 하는 당신은 나에겐 늘
코스모스 한 들판이다.

눈 시린 소년

아스라한 저 끝
꽃 벌판 한 벌판 코스모스 한 들판
해맑은 웃음
단발머리 소녀
파르르 떨리며 미소 짓는 화사한 코스모스 한 송이
밝음, 기쁨, 큰 떨림 주는
수줍은 귀요미
그게 어제 그젠데

손가락 끝
눈 자락 끝
마음 자락 저 끝
와도 가도
누워도 앉아도
온통
보라, 분홍, 하양, 빨강
높음, 넓음, 깊음, 푸름, 귀여움

오늘도 난
코스모스 앞에 선
할 말 잃어버린 눈 시린 소년

– 2004년 9월 30일 당신 생일에

하늬구름 가득

마지막 커튼 그 떨림으로
내 흐린 초점 흔들리는데

구름 한 점 없어 태양 가득한 날
천사의 도시 한 귀퉁이
어설프게 엉거주춤 두 손 모아 턱 받치고
같이 했던 많은 날들 반추하고 있다.

그래 우리 처음 같이 했던 당신의 날
그 건 참 오래 전인데
큰 떨림 한 차례 그 이후로
정말 많은 세월 별똥처럼 흐르고
왔다가 갔다가 다시 오곤 하는 오늘

여전히
하늘은 높고
먼 들판 가득 서늘바람 휘돌아
온통 일렁이는 코스모스 너른 벌판

안타까움
안쓰러움
뭔가 꼭 해주고픈 기쁨 한 조각으로
장미 몇 송이 고르다가

하늬구름 가득

– 2005년 9월 30일 당신의 생일날 애너하임에서

보랏빛 꽃나무

오며가며 무심히 내달리던 프리웨이
오늘도 앞만 보며 달려가다
온통 솟구쳐 몰려오는 해일
진보라 당신을 본다.

가슴 가득 초록이다가
하양, 노랑, 빨강이다가
다시 초록이다가 무지개 색깔이다가
갑작스레 보랏빛 물보라 가득
난 당신으로 하여 진보라로 물들여진다.

열 즈믄 아홉 온 일흔 해
유월 하고도 열사흘 그날부터
당신은 쉼터 초록 그늘
늘 큰 그늘 펼치며 거기 그 자리 우뚝 선 나무

고마워라 어느새
서른하고도 여섯 해

난 지금 비스듬히 잔잔한 시냇가에 누워
보랏빛 꽃잎으로 늴리리 불며
철부지 진보라로 마냥
어리광 부려 보고프다.

– 2006년 6월 13일 서른여섯 번째 결혼기념일에 주님께 감사하며

그냥 그렇게 바라볼 수 있다면

보고 싶어 당신을 보려다가
그만 눈을 가립니다.
쉴 새 없이 밀려와 산산이 부서지는 큰 너울 어쩔거나
여윈 손가락 구부러진 틈새로
눈 가늘게 뜨고 겨우
당신을 봅니다.

보고 싶은데
그냥 아무렇지도 않게
휘파람 휘익 불듯 그렇게 보고 싶은데
어제도 웬일인지 가슴이 저려
나뭇잎 한 끝 살짝 가리고 당신을 보았었는데

그제는
그 그제는
별무리였든지 아니었든지
희미한 빛 잠깐 사이 번뜻
당신의 화사함 본 듯도 싶은데
갑작스런 달무리로 하여 그만
또 눈을 떨어뜨려야 했습니다.

내일은 좋은 날 당신의 날
통나무 활활 타오르는 벽난로 앞
아랫목인양 두 다리 쭉 뻗고 흔들의자에 앉아
체크무늬 엷은 담요로 시린 무릎 살짝 가리고
한 조각 케이크 두 잔 커피 앞에서
고즈넉이 당신을
바라볼 수 있으면 합니다.

– 2006년 9월 29일 DIA를 위해 애쓰는 당신을 안타까워하며

백송이 빨간 장미

애리조나 광야 아무렇게나 흐트러져 있는 화석나무
돌 나이테 속
회리바람 가득 빙 도는데

쌍무지개 경이로운 지평선 너머
다가서는 주름진 눈 모습 본다.

맑음, 흐림, 비 내림, 맑음
바람 속, 폭풍 속, 함박눈 속
가끔은 한 아름 꽃 누리에 안겨
이렇게 그렇게 지내 온 세월
새 색시였다, 엄마였다가
이젠 시은이, 송은이 사랑받는 할머니

아침마다 얼굴 두드리며
새로 산 갈색 구두 신어보고 또 신어보며 미소 짓는 당신은
내 뼈 중의 뼈, 살 중의 살
나이 먹어가면서 더 절실해 지는
더 좋은 반쪽

느닷없이 자가용 없는 상하의 나라 베트남을 간대도
나랑 같이 가겠다는 당신

몇 번 엇서 봐도 뭐랠 사람 없을 터인데

고마워라 내 도우미
도수 높아가는 돋보기 너머
깊어 가는 눈주름 그래도 소녀

한 아름 빨간 장미
백송이 드립니다.

– 2007년 9월 30일 더 좋은 반쪽에게

다시 당신의 날

다시 당신의 날
살그머니 다가옵니다.
어제처럼 그제처럼
별다를 것도 없는 아무렇지도 않은
검은 구름 잔뜩 나지막이 깔리고
스콜의 전령사 세찬 회오리
요란하게 호들갑 떠는 베트남의 오후

예순하고도 몇 년 안 지난 듯싶은데
당신의 날은 틀림없이
또 다가오고 있습니다.

숨바꼭질 할 것도 없이
오는 건 오는 법
오늘은 웬일인지 눈언저리 찡하게
그렇게 다가옵니다.

은혜였지요.
꼭 잡은 손 따스함
여전히 고운 얼굴
몸살로 쑥 들어간 눈 가장자리
사르르 물결 번져가는 엷은 미소 바라보며

발성연습 때처럼 입 동그랗게 벌리고
사르르 눈 내려 깔고
촛불 몇 개만 꽂으며 손가락 끝으로
당신 이름 불러 봅니다.

– 2009년 9월 30일 당신으로 하여 행복한 사람

나를 드려요

눈 깜짝 사이 삼십 년하고도 일곱 해
정말 여러 날들 훌쩍 지나갔습니다.

오늘은 유월 열사흘 그분 은총 철철 넘치던 날
그 날이 다시 돌아왔습니다.

어제 오후 늦게 늘 그랬던 것처럼
화사한 꽃 하나 당신에게 주고 싶어
아침하고 저녁 두 번은 아무렇지도 않게 지나치던 꽃집 안
으로 가서
가슴 활짝 펴고 둘러보았습니다.

이상도 하지요 근데
꽃집 가득
수줍음 꽃, 웃음 꽃, 아기자기 이야기 꽃
함초롬히 물먹은 하소연 꽃, 희망 꽃
허영 가득 무지개 꽃, 사치 꽃
보남파초노주빨 꽃들의 합창은 한창인데
아무리 기다려도 가게주인은 안 오시네요.

결국 말도 안 되는 황당한 이유로
당신을 위한 꽃다발은 처음 준비되지 못했지요.

어쩔거나 속절없이 가슴앓이 조바심하다
포장도 못한 나를 당신에게 드립니다.

고마워요. 여보!
오늘은 나밖엔 줄 게 없네요.

– 2007년 6월 13일 37주년 결혼기념일에 놀워크 DIA 사무실에서

만남

언뜻 스쳐 지나감도
견우직녀 안타까운 오작교 해후라도
사연이야 이렇든지 저렇든지 만남은

설렘
짜릿함
하늘 가득 쌍 무지개 저편
기다림
놀라움

이런 만남 저런 만남 수없이 많다만
그분 손잡아 주심으로
서른 하고도 아홉 해 지내 온
당신과의 만남은

편안함
미안함
그냥 고마움

어느새 우린 더불어
그 분 위해 일하는 도우미가 되었구려.

잠깐 기다려요
부케 하나 준비하러 헹 하니 다녀 올 게요.

– 2009년 6월 결혼기념일에 당신의 도우미

새들이 깃드는 나무

밤마다 새들이 깃드는 나무가 있습니다.
어둠의 그림자 나지막이 걸리다가
희미한 가로등 불빛 가지들 틈새 들어내면
꽉 찬 검은 색 나뭇잎으로 들어나진 않지만
가슴 속 어디나 마구 흔들며
합창으로 가득 차는
그런 나무가 하나 있어요.

나무들이야 많이 있지요
그 옆 나무도 그 곁 나무도
그 곁 나무 바로 옆 나무도
겉보기엔 아무 다름이 없는데도
오직 한 나무
밤새도록
모임, 이야기 있고 노래가 있는
그런 나무가 하나 있어요.

난 이 나무 새둥지 나무라 부르면서
여기 깃드는 한 마리 새 되어
다른 나무들 바라보며
깃듦의 비밀 알아보려 했지요.

글쎄요. 새둥지 나무는
긴 1에다가 3-9-13-17-21-39
다른 나무는 대체로
짧은 1에다가 3-5-9-15-17-23
아니면
짧은 1에다가 3-5-9-13-17-25인 듯싶어요.

높이 오를수록 대충 헤아려 봤는데
비슷한 듯싶어도 분명 다를 듯도 싶은데
어떻게 다른지는 잘 모르겠어요.

하나 확실한 건 이거예요.
새 나무엔
밤마다 새들 가지마다 몰려들고
노래하다 쉬다가 안식하다 어디론지 떠난다는 것이고
다른 나무엔 새들 깃들지 않는다는 거지요.

오늘 새벽 일찍 밖으로 나와
쏟아지는 새들 지저귐 귀 기울여 듣다가
문득 새둥지 나무 비밀 알아낸 듯싶어 엄청 흥분했었는데
차분히 마음 가라앉히고 나선 난
그 비밀 홀로 간직하기로 했지요.

비밀 코드는 아마 긴 1 밑에 숨겨 있는 듯한데
긴 40년 동안 거기 깃들어 살면서 "그저 행복하였네라!"
그럼 된 것 아닌가요?
그 비밀 나만 간직하고 있겠어요.

– 2010년 6월 13일 결혼 40주년 기념일에

스냅 샷

기억의 심연 저 밑바닥
정말 오랫동안 빛바랜 사진처럼 그렁저렁 잊혔던 얼굴 찾아
찰칵
셔터를 눌러봅니다.

농그란 안경 너머 호기심 눈동자
고사리 손 풍금소리 단발머리 수줍음
백양로 데이트 화사했던 함박웃음
하얀 면사포 뒤 퍽 짙었던 화장 얼굴
전세방 좁은 부엌 고생살림 행주치마
유학시절 먼 드라이브 시침 떼던 당찬 모습
달맞이 비 내리던 고개 커피 한 잔 멋 부림
몇 사람 찬양대원으로도 천사의 하모니 흐뭇함
손녀들 옷 사온 후 이리저리 뒤척이며 보고 또 보는 그 기쁨

그 땐 카메라도 없어
마음대로 담아보지도 못했던 스냅 샷
어쩜 이토록 살가운 그리움으로 닥아 올까요?

오늘은 당신의 날

꼭 스콜이 나 몰래 내릴 것만 같은 밤
스냅 샷 몇 장 꽃으로 두르고
당신에게 드립니다.

– 2010년 9월 30일 지나간 세월들 그리워하며

제 2부

믿음의 아이들

“

아이들이 모두 주 바라기가 된 것은 참으로 감사한 일이다.
늘 주님의 기쁨이 되기를 바라며 기도하고 있다.

상수리나무 너른 그늘

널 생각 한다
시은일 그려보고
널 끔찍이 사랑하는 시은아빠 생각도 해 본다
엄마, 아빠, 이모, 이모부
오빠, 올케, 시댁 식구들
친구들, 아이들, 일터 사람들
정겨운 사람들, 고마운 사람들
정말 꼭 만나면 싶은 그런 사람들

짧지 않은 세월 속 오늘까지
아무리 따져 봐도 넌
꽃무리에 둘린 그분의 안개꽃
그리고 가끔은
큰 상수리나무 너른 그늘로
그렇게 서 있구나!

화사하게 장식된 동그란 큰 케이크 위쪽
가지런히 꽂힌 촛불
둥그렇게 둘러 선 축복 손 꼭 잡고
나도 너를 축복한다.

– 2005년 8월 13일 미국에서 아빠가

얘길 하고 싶구나!

언젠가 학교일 허겁지겁 다 끝낸 후
어린이집 시은이 데리고 오며
너무 힘들어 울었다며?

그 얘기 들으며
네 엄만 가슴이 찢어졌다만
난 어쩐지 그냥
아무 말도 안 하긴 했지만

속으론 마냥 뿌듯했단다.

넌 이젠 정말
어른이 되었구나.

넌 늘 내 아가
잠깐 네 생각만으로도 눈시울 젖어 드는데

어느새 넌
아이들 사랑 뜨거운
맛깔스런 저녁 슬쩍 한 상 잘 차려내는
가끔 시은이 눈물 쏙 빠지게 야단도 칠 줄 아는
그리고 언제나 송 서방 어깨 힘주게 만드는

치어리더, 선생님, 살림꾼, 진짜 엄마

오늘은 네 생일
오랜만에 내가 끓인 커피 두 잔 앞에 놓고
이런 저런
세상 얘길 하고 싶구나!

– 2008년 8월 13일 아빠가

며느리를 맞으며

사라처럼
아브라함처럼
이삭을 위해
돕는 배필을 위해
새벽마다 두 손 모으곤 했었지

까마득 멀리
지평선 끝 저만치서
흩날리는 베일로 얼굴 반쯤 가리고
낙타 등 높이 흔들리며 다가오는
누군가 보였는데
보인 듯싶었는데

기다림
오랜 기다림
안타까움 속 정말 오랜 기다림
그게 바로 너로구나

해맑은 눈동자
삼박한 미소
이웃 향한 뜨거운 가슴
죽으면 죽으리라

열방 향해 나아간 큰 용기

기도의 응답 에스더 내 딸
너를 환영한다.

– 2005년 1월 19일 새벽에, 미국 에니히임에서 시아버지가

송은이 미국 온 날

오늘은 우리 손녀
송은이 미국 온 날
살 속 까지 스며드는 LA 햇살처럼
은총 흘러 넘쳐 두 뺨 적신다.

이토록 눈부시게 가슴 꽉 찬 날
하늘 가득 온통 화려한 불꽃놀이
나도 너도 하나 되어
그분의 큰 사랑 흠뻑 즐긴다.

의지 먹음은 눈망울
찬송하는 작은 입
눈 감으면 떠오르는 함박꽃 네 눈웃음
송알 대는 너 내 품에 꼭 안고
그 분 큰 은혜 한동안 헤아릴 수 있겠구나.

신령과 진정으로 그분께 드리는 송영
은혜 위에 은혜
송은이를 환영한다.

– 2007년 7월 4일 레 돈도 비치에서 할아버지가

다윗의 시편

함미 하비 애타게 기다려도
올 듯 안 올 듯 모르는 체 하다가 튕기다가
살포시 나플 팔 벌리고 날아와 꼭 안겼다가는 금방 파득
날아가는
나비든가 파랑새든가 그런 꿈 꾼 날
널 보는구나!

벌써 꽉 찬 두 해
얼마 전까지만 해도 엄마만 애쓰며 곰 노래 부르고
넌 새침이 딴청이더니
이젠 네가 주인공
엄마는 엑스트라 되었구나.

엄마 아빠 눈웃음 속
몸도 자라고 지혜도 자라 이젠 두 살

네 작은 몸 가득
온통 번져나는 다윗의 시편

– 2007년 11월 6일 미국에서 송은이 두 번째 생일을 축하하며

그래서 언니 되기

처음 할아버질 미국에서 만났을 땐
얼굴 가득 함박웃음
한 번 웃었다가
잠깐 안겼다가
금방 엄마한테 두 팔 내밀며 달아 빼던
송글 머리 깍쟁이
벌써 세 살 되었네.

한국에 있었음
네 살
미국 오는 바람에
그만 한 살 줄어
언니 되려면 좀 더 기다려야겠네.

말쟁이 송은이
곰 세 마리 잘 부르는 송은이
손 모으기
입 크게 벌려 큰 은혜 감사하기
겸손하기
남 배려하기
그래서 언니 되기

하나님과 사람 앞에서
해바라기
주 바라기

– 2008년 11월 7일 세 번째 송은이 생일에, 호치민에서 할아버지가

믿음의 아들의 아들

믿음의 아들
그 아들의 아들 태은!
넌 내 눈 속에서 참 오랫동안 살고 있구나!

넌 알고 있니?
네 아빤 이삭
네 엄만 리브가
그 사이 복 덩어리 송은이
온 누리 가득 해바라기 벌판인데
이제 듬직한 모습
믿음의 아들의 아들로
네가 왔구나.

태산 같은 은혜
그래서 네 이름 태은
넌 또 다른 믿음의 아들 디모데
푸른 풀밭 적셔주는 잔잔한 시냇물

흘러넘치는 큰 은혜 태은아!
지혜와 키 자라며 그분에게
마음을 시원케 하는 기쁨이 되어라.

– 2011년 5월 7일 호치민에서 할아버지가 씀

동그라미 샨니

동그라미
그래 맞아
신생아실 유리창 너머로 널 처음 보았을 땐
내 눈엔 온통 동그라미 가득했었지

꽉 다문 입
꼭 감은 눈
하비 닮은 눈두덩
까만 머리칼 착 달라붙은 네 머리
분홍색 네 뺨
완벽한 동그라미 집합
신묘막측

굴렁쇠 샨니
너로 하여 우린 모두 동그라미 가족이네.

엄마 얼굴, 아빠 얼굴, 멋쟁이 누나 얼굴
하비 함미 빼닮은 골고루 얼굴
그래서 네 얼굴 동글이가 되었네.

그분 손 꼭 붙들고 살아가야 된다는 걸
보여주는 간증

다윗의 시
그분의 불꽃

날마다 굴렁쇠 굴리며
동그라미로 살아라!

– 2011년 5월 6일 외손자 시환이를 환영하며 호치민에서

서진

그토록 기다렸는데
드디어 서진이가 왔구나.

아직 네 얼굴 못 보았다만
큰 눈은 엄마
오뚝 코도 엄마
그래도 네 옹알이는
어쩐지 아빠를 닮았지 싶다.

네 이름 그대로
넌 하나님 주신 자랑스러운 보물
할머니, 할아버지는
너무 좋아 정신이 없더구나.
아직 얼굴도 보지 못한 널 위해
시 한편 써 보내라고 재촉이셨다.

넌 그분의 걸작
경이로움
서기 발하는 찬란한 해오름
진기한 하나님의 보배
복의 근원

네 아빠 엄마를 사랑하는 이모할머니와 할아버지가
머나 먼 남쪽 나라 베트남에서
새벽마다
널 위해 기도한다.

– 2008년 11월 13일 호치민에서 할아버지가

싱가

앉아도 누워도
싱가
시은이가 그립다

오랜만에
그토록 오랜만에 할아버질 보고도
LA 공항에서 금방 딜려와 안기던
눈웃음 쟁이 시은이

몸 흔들며 노래할 땐 진짜 가수
큰 눈 동그랗게 뜨고 방긋 웃을 땐 아기 예수
할아버지 손잡고 신나게 놀 때는 아기 천사
기도 손 모으고 "하마밈" 할 때는 영락없는 그분의 시

말할 줄 아는 싱가는
할머니 할아버지 큰 자랑
그분의 큰 기쁨

싱가, 싱가, 싱가
어느새 자기를 내세우는 너에게
우리 모두 정말 귀 기울여야겠구나.

오늘도 네가 보고파
부질없이 바탕화면 열어 본다.

– 2004년 싱가를 그리워하며

주름살 지우개

싱그러운 5월 첫 날
눈 꼭 감고 우리한테 온 싱가
다시 맞는 화사하고 싱싱한 5월

끙끙이
옹알이
어쩌다 말 한 마디
그게 바로 엇그젠데 이젠 어느새
그림책 읽어주는 얘기꾼
엄마 아빠 가르치는 선생님

화상채팅 슈퍼스타
재롱둥이 싱가는
할머니 할부지 주름살 지우개
엄마하고 아빠한텐
한결같은
하나님의 시
주님의 은혜

시은아
촛불 두 개 가지런히 케이크에 꽂고
네 일생고공표 그려본다.

– 2005년 시은이 미국 방문 때

시은이 올 날은 한 참 더 남았는데

먼 나라
까마득 먼 나라에서
할머니 할아버지는
시은일 사랑하며
살고 있단다.

새벽마다 저녁마다 밤마다
널 보듬으며
손 모아 기도하며
날마다 그렇게 살고 있단다.

네 흔적 큰 그리움 여기 저기 붙여두고
곰돌이, 그림책, 예쁜 네 옷 마련하고
창밖 작은 정원 꽃들로 치장하고
행여 네 발 찔릴까봐
카펫 속 마른 밥풀 정성스레 집어낸단다.

시은이 올 날은 한 참 더 남았는데
열하고 네 밤 자면
진짜 언니 생일이네!

오늘도 널 기다리며

네 이야기 나누며 한 밤 자겠지?

송은이 언니 시은아, 네 생일을 축하한다.

– 2006년 4월 17일 미국에서 할아버지가

물에 둥둥 떠가도 염려하지 마

이번 여름처럼 살았음 하고 눈 감아본다.
조그만 게 어쩌면 얼굴 가득 큰 웃음
그것만 보아도 내 딸, 내 사위 깨소금 살림살이 다 그려지
는구나.
시간차가 뭔지 몰라 밤엔 그토록 울다가
갈 때쯤엔 아무렇지도 않게 너무 편안했었는데
할아버지, 할머니 가슴에 담쑥 안기며
온갖 재롱부리더니 이젠 또 그리움이 되겠네!

가슴앓이 그렁저렁 그렇게 지내는데
안경잡이 시은이 먼 길 날아 와
할아버진 그동안 시은이로 하여
주일학생 되었다가, 곰돌이 되었다가, 수퍼맨 되었다가
피터 팬처럼 훨훨 날아다니며 살았었는데
벌써 '빠이' 할 때 되었네.

오늘은 시은이랑 엄마 비행기 타는 날
할아버진 실상 걱정이 앞서지만
안 그런 척 시은이 노래를 부르고 싶단다.

'모세 아가 울지 마, 걱정하지 마.
물에 둥둥 떠가도 염려하지 마.
하나님이 언제나 함께 하시니.'

– 2007년 8월 15일 LA에서 시은이를 떠나보내며

근데요

꿈에서 널 본다면
누구나 다 끄덕이겠지만
아무도 모르는 곳
그런데서 널 만난다는 걸 얘기하면
정말 누가 믿겠니?

아직 네 살 배기 철부지
그게 너라고 남들은 말한다만
우리 시은인
할머니랑 할아버지랑
새끼손가락 걸고 지켜야 할 몰래 데이트
그걸 즐기게 되었구나! 어느새

네 큰 눈, 별빛 눈동자로 하여
기도 손 모으고 만나고 또 만나는 우린
정말 꽃무리 동아리

동그란 네 안경 너머로
먼 이곳 가까운 듯 바라보며
"근데요"
진지하게 통화하는 시은이
벌써 네 살

큰 언니가 되었네!

– 2007년 미국 애너하임에서 할아버지가

너무 보고 싶은가 봐

이상도 하지
할아버진

부겐베리아 빨간 꽃 한참 바라보다가 문득
네 웃음
해맑은 네 웃음 듣는구나.

곰돌이
꼭 그런 곰돌이가 아니어도
곰돌이 비슷한 모습만 보면
보드라운 작은 손
네 손을 느낀단다.

참, 이상도 하지?
할아버진

혼자 있을 때면 어디선가
네 재잘거림 작은 목소리
내 귀에 윙 울린단다.

시은아
할아버지는

벌써 여섯 살
부쩍 커진 시은이가

너무 보고 싶은가 봐.

– 2008년 5월 1일에 할아버지가 시은이 생일에 주는 시

미운 일곱 살

지난 번 전화 때도 말했다만
넌 이젠 정말
엄마 돌볼 나이가 되었구나.

철부지 어린 아가
그 게 너였었는데

이젠
주님 찬양하는 어린이 성가대원
말씀 잘 배우고 순종하는 예수님 아이
가끔 고집 부리면서도
남 배려하려 애쓰는 넌 유치원 모범생
영어로 인사도 하고 국제전화도 잘 거는
우리들 자랑이구나.

미운 일곱 살이라는데
할아버지한텐
미움은커녕
하루라도 안 보면 못 사는 짝꿍

오늘도 해맑은 미소
네 속삭임 그리워하며
노트북 시작 페이지에서 너를 만난다.

— 2009년 5월 1일 호치민에서 할아버지가

늦었지만 사랑을 보낸다.

베트남의 오월은
작열하는 태양
열사의 바람 낙엽 날리며
등허리 마냥 흘러내리는 구슬땀으로
흥건히 젖는 계절
그래 하비가
시은이 생일 잊어버린 듯싶다.

큰 언니 목소리
요란스런 전화 받고서야
오월 초하루
오늘이 네 여덟 번째 생일인 걸 알았구나.

벌써 초등학교 일학년
하비가 알고 있는 아기는 어디로 갔지?
안압 정상이라고 씩씩하게 외쳐대는
의젓한 소녀
하비 배려하는 진짜 언니 되었네.

여덟 살 시은이가 믿기지 않아
네 어릴 때 사진 드려다 보다 문득
그럼 엄마, 아빠는 몇 살?

하비, 함미는?

아직도 하비 눈 속 폭 안기는 짝꿍
늦었지만 사랑을 보낸다.

2010년 5월 23일 시온이 생일이 훨씬 지난 후 하비가

송 서방

딸 하나 아들 하나
아내의 나이도 제법 된 듯싶은데
송 서방 내 사위
순전한 미쁨
장난 끼 눈망울
어린이 빼닮은 순수
목소리 그윽한 의젓함에도
그 게 여전히
거기에 있다.

오랜만에 한국에 와 지방에 다녀올 때마다
아무리 싼 좌석 미리 부탁해도
KTX 특실 3A 좋은 자리만 예약하는 송 서방
실은 날
늘 기쁘게 한다.

이젠 우리나라 환경지킴이
환경을 연구하는 선임 연구원
물의 순결 위하여 남이야 알든 모르든 상수와 하수
늘 점검하며
청정지역 녹색 삶 추구하는 큰 리더

영롱한 눈동자 시은이 짝꿍
수정 같은 시냇물 시환이 아빠
상수리나무 너른 그늘 아내의 남편으로

캔버스 온통 초록으로 만드는
멋진 녹색 주인공이어라.

– 2013년 12월 4일 미국 로스앤젤레스 물 없는 강가에서 듬직한
내 사위를 생각하며

제 3부

아름다운 사람들

"

아름다운 분들을 만난다는 것은 주님의 은총이 아닐 수 없다.
나는 나의 삶을 통하여 정말 멋진 분들을 만나게 해 주신 주님께
늘 감사드리며 살고 있다.

선한 사마리탄

나 몰라라 부산한
월셔 거리 빌딩 숲
서류더미 가득한 거기 그 자리
보라색 화려함 살굿 가리고
어쩔거나 남의 아픔
안타까움 애씀
그 모습 그대로
진한 보라 빛

보남파초노주빨
빨주노초파남보

해맑음 순수로
그 분 큰 꿈 그리는
보라색 살짝 비낀
짙은 남빛

남빛 그대로 선한 사마리탄

– 2005년 5월 남 돕느라고 애쓰시는 남 변호사님,
늘 주님 안에서 행복하시기를 기원하며

하늘가신 아버님

어제도
오늘도
떠오르는 건

하회탈
양반 웃음
그런 아버지

남 살리는 한평생
한 결 같이 사셨어도
세상이 별로였나?
실눈 한평생

자식 염려
나라 걱정
사위들 앉혀놓고
반주 한잔 드시며
퍽도 많이 하셨지

일흔도 한참 넘어 팔순에 가까울 제
주님 초청 받고나선 외 길 한 길 가셨는데

아흔하고 두 해만에
인간 만사 훌훌 잊고
하늘 길 밝은 길
웃으면서 가셨구나.

아버지, 할아버지, 상 할아버지
우리 본향에서 만나요.

– 2008년 5월 28일 미국에서 소천하신 아버님을 그리며 사위 안 정헌 씀

강 돌이 집사님을 추모하며

돌이 아니고 바위였지요. 늘
싱긋이 웃으시며
어눌하게
한 두 말씀 하시고는
힘주어 손 꼭 잡아 주시던 분

아직도 그 손길 따스함
나 만리타향 미국에 있어도
그냥 남아 있는데

주님 사랑, 충성
한 번 결심 이 후로는
오로지 한 길
아내와 가족들 자랑
우리 교회 기쁨이었는데

이토록 빨리 천국에서
반석 집사님 필요한 걸
우린 미처 몰랐군요.

큰 바위로 남을 거예요 늘
우리에겐

– 2005년 5월 19일 아침 강 돌이 집사님의 소천 소식을 미국에서 듣고

규용 엄마

물었지요.
되물었지요.
소리도 질러보고
아우성도 치고 입 삐죽 내밀고 눈 흘기기도 했지요

그런데요 그분 대답은
늘 같아요.
똑 같아요.

네 볼 깨물어주고 싶고
동그란 눈 좋아했고
정말 네 따듯한 눈물 사랑했노라고

옛날엔 그랬겠지요.
그런데 지금은 아니잖아요?
전엔 꽤 좋아했다는 걸 누가 모르겠어요?
다시 따졌죠. 말이 안 되잖아요? 지금은!

그런데요 그분 대답은 한결 같은 미소
네 모습 그대로 좋다는 거죠

이제 세월은 흘러 주님의 마음을 알듯 해요

외손녀 방 꾸며준 할머니처럼
곰돌이도 마련하고 꽃 침대도 들여놓고
별님도 둘러놓고 호랑나비 달아놓고
이렇게 말씀하시는 걸 말이죠?

나 여기 있잖니?
너 아프면 나도 아프잖니?
널 좋아하는 걸 넌 잘 알잖니?
다시 읽어 봐
오래전 너한테 보낸 편지를

"나의 사랑, 나의 어여쁜 자야
일어나서 함께 가자
겨울도 지나고 비도 그쳤고
지면에는 꽃이 피고 새의 노래할 때가 이르렀는데
비둘기 소리가 우리 땅에 들리는 구나
무화과나무에는 푸른 열매가 익었고
포도나무는 꽃이 피어 향기를 토하는 구나
나의 사랑 나의 어여쁜 자여 일어나서 함께 가자 "

– 2008년 암 투병을 하면서도 해맑은 웃음을 잊지 않던 내 아내의 친구
영혜에게 준 시

오늘 기쁜 날

오늘 기쁜 날
두 분 권사님, 세 분 장로님 그리며
주님의 마음 헤아려 봅니다.

누구라고 꼭 집어서 말은 안 하겠지만
한 분은 새침 떼기
다른 분은 무던함 편안함
고상함, 빈틈없는 분에다
누가 봐도 모범생인 아저씨
그리고
늘 싱긋이 웃는 바위사람

하나도 같은 게 없는데
아무리 보아도 다 다른데
충성 그 마음 하나라서
말없는 섬김 주님 맘에 꼭 들어
오늘 이 자리 부르심 받았네요.

축하해요!
그 충성 빛날 것을 믿어요.
그 헌신 생명책에 기록될 것도요.

– 2009년 6월 한 명희, 황 정옥 권사 취임과 지 이삭, 차 춘언, 이 대근 장로 임직을 축하하며

우린 갑자기 많은 걸 알게 되었다.

PCC-772 천안함이 폭침된 날
2010년 3월 26일 그날
작년 3월 내 왼발에 네 번째 발가락이 있다는 걸 알게 된
것처럼
우린 갑자기 많은 걸 알게 되었다.

아무렇지도 않게 바라보던 산 몇 개 넘어 북녘 땅에
북한이 있다는 걸 알게 되었고
조기잡고 게 잡는 백령도 뒤쪽
말할 수 없도록 평화로운 우리 영해에서
엄청난 만행이 발생될 수 있다는 걸 알게 되었다.

정말 견디기 어려운 일이지만
동족이 동족을 죽이는 이런 무도한 일들이 다른 사람들도
아닌
고사리 손 영이와 돌이가 마음 아파하며
쌀이며 밀가루며 먹을 걸 보내며 열심히 도왔던 한 핏줄,
한 형제,
서로 어깨 툭 두드리며 같은 말로 반갑게 인사 나눌 수 있
는 사람들
그들의 지도자란 자들이 미쳐버린 집단인 걸 다시금 알게
되었다.

155마일 휴전선 차가운 철책선 너머로
서해 바다에는 NLL선이 그어져 있고
그 선 양쪽엔 단숨에 피비린내 아수라장 만들어 댈
해안포와 장사포들 웅크리고 있고
어디서나 적 잠수함의 무자비한 공격 일어날 수도 있고
일촉즉발 핵무기 위협 상존하고 있는 곳
여기가 우리의 금수강산이라는 걸 알게 되었다.
그러면서도 북녘 땅 개성공단에는
남쪽 아빠, 엄마들이 출근하여 북녘의 근로자들과 함께
민족의 앞날을 위해 일하고 있음도 알게 되었다.

그리고 더 괴로운 일이지만
우린 놀랍게도 이런 일이 일어날 거라는 걸
아무도 모르고 있었다는 걸 알게 되었고
정말 안타까운 일이지만
꼭 기억해야 할 것들을 까맣게 잊어버리고 살고 있었던
우리들의 무관심을 알게 되었다.

그 후 많은 변화가 일어났다.
엄청난 변화가 일어났다고들 한다.
책임을 지고 사람들이 바뀌고
북녘 지도자들을 규탄하는 궐기대회도 개최되고

북한의 실상을 알리려는 전단지 살포도 열심히 하게 되고
바다를 지켜야만 강토가 있다는 해군가의 뜻도 알게 된 듯
했다.

그리고 1년이 지났고 오늘 다시 3월 26일이 되었다.
그리고 오늘 우리는 이날을 잊지 않으려 여기에 모여 있다.
그러나 우리는 1년이 지난 오늘
우리는 그동안 우리가 알게 된 것보다
실은 엄청나게 많은 걸 잃었다는 걸 알게 되었다.

해군병사 104명 중 46명을 잃었고
초계함 한 척을 잃으면서 자존심을 잃었고
멋진 사나이 한 준위를 잃었고
무엇보다 북한에 대한 우리의 믿음을 잃었다.

정부는 수개월에 걸친 다국적 조사단의 노력으로
북한군에 의한 기뢰 공격설을 발표했고
조사에 참가했던 동맹국들도 이를 확인했고
북한을 비난하는 유엔 안보리 의장 성명도 발표되었지만
북한의 오리발 내밀기로 남북갈등이 더욱 심화되었고
어처구니없게도
기뢰사고설, 좌초설, 선내폭발설, 피로파괴설, 좌초후 피로

파괴설 등
잘난 척 하는 사람들의 헛소리로 남남갈등도 격렬해졌다.

오늘 이 자리
해일처럼 솟아오르는 분노 두 손으로 억누르며
민족의 역사 바로 세우려 모인 이 자리
오늘 이 자리는
조국을 지키려다 산화한 영웅들의 이름 하나, 둘 부르며
우리들 마음 다짐하는 자리

여기 이 자리에서
우리는
내 아들, 내 손자, 내 지아비, 내 아빠, 내 오빠, 내 동생
46명 영웅들과 한 준위의 늠름한 목소리 가슴으로 듣는다.

"우릴 기억하러 모이신 여러분들, 고맙습니다.
저희들은 나라의 명을 받아 있을 자리, 그 자리에 있었을 뿐입니다.
저희들의 죽음 진정 안타까워하신다면
계셔야 할 자리 그 자리에 계시면 좋겠습니다."

– 2011년 3월 25일 PCC-772 천안함과 함께 산화한 영웅들과 그 자리에 같이 있었던 분들을 생각하며, 호치민에서

고래사냥

고래 사냥하러 가려는 소년이 있었어요.
그물도 없고요
거룻배 한 척도 없지만요
쏘가리 한 마리 잡은 적도 없는데도
해오름 있는 그 바다
온통 푸름에 둘려 노니는
예쁜 고래 잡으러 간다는 거였지요.

말리려 했었지요.
안 된다고 할 수 없다고
말리는 말 몇 번 하려고 별렀었는데
주저하는 내 눈빛 얼른 눈치 채고선
그건 아니야
그 말만은 제발 하지 말아 달라고 너무 슬프게 말해서
그냥 다른 얘기만 하고 말았었지요.

저녁이 오고 아침이 오고
많은 세월이 흘렀지요.
그런데요
그런 가운데 나이가 들면서도
소년의 동그란 눈 속
거기 살고 있는 고래는

우리들 고래하곤 다르다는 걸
아무도 모르고 있었던 거예요.

나중에 정말 한참 나중에
어림짐작으로 그 다름 어찌 알게 되었건만
그 땐 너무 늦었어요.
소년은 결국 어디론가 떠나버렸고
그 다음은 아무도 몰라요.

하나 확실한 건 있긴 있지요.
소년은 여전히 고래 잡으러 가겠다고
갈 거라고 어디선가 우겨댈 테고
사람들은 자기 고래만 고집하며

"말려야 하는데
안 된다고 말해야 하는데 어쩌지? "
혀 끌끌 차며
소년을 나무라고 있겠지요.

남의 일일랑 원래 그런 거지요.
우린 하루
그리고 또 하루

다 그렇게 살고 있는 거죠.

그런데요 어느 날
누가 나한테 그러더라고요.
당신 눈 속 깊은 곳
지금
예쁜 고래가 살고 있다고요.

– 2011년 고래 잡으러 간다는 소년에게

나이아가라 폭포

거대한 호수
한 자락 끝 저만치서
작은 물방울 같은 걸로 뭐 그런 걸로 그냥 그렇게 머물다가
어쩌다 그만 낮아져
자기도 모르게 미끄러져 내리다가
그래서 아무렇지도 않게
성날 아무렇지도 않게
그저 그렇게 흐르던 조용한 흐름이다가
어느새 아차! 아스라한 벼랑 길

튀어 오르다 넘어지다가 엎드러지다가 산산이 깨어지다가
그만 아득 해일처럼 솟구쳐 오르며 내지르는 아우성이다가
용틀임 물벼락이다가 회오리 폭풍이다가
까마득 솟아오르는 안개이다가 먹구름이다가
갑자기 일곱 빛깔 무지개이다가
머리끝 바싹 곤두세우는 두려움이다가
다시 고요한 흐름 한 자락 끝 저만치서
작은 물방울 같은 걸로 뭐 그런 걸로 시치미 떼는 너

그래 바로 그 몇 초를 위해
넌 너의 최선을 다 하였구나

난 너로 하여
오랫동안
정말 한참동안
귀머거리다가 벙어리다가 끝내는
그냥 네가 되어버렸다.

– 2007년 나이아가라처럼 살아가는 분들에게 나의 존경을 보내며

산에서 길을 잃다

요즘 뒷산 오르면서 헐떡이지도 않고
오르막 내리막 길 힘도 들지 않기에
오늘은 늘 가고팠던 정상을 오르기로 했다.

거기까지는 평소엔 늘 멀다고 느꼈었는데
오늘은 만만한 산등성이 겨우 4킬로미터 길

그래 땅거미 제법 드리워진 시간 오르는 사람 하나 없어도
난 오르기로 했고 그냥 땅만 보며 올랐다.

산꼭대기 가까울수록 가파른 비탈길, 갈래 길도 여러 번 있었지 싶은데
좀 허우적거리긴 했어도 오르기는 올랐다.

탁 트인 정상 가슴 내밀고 서서
한참 아래 저쪽 하나 둘 피어 번지는 불 꽃 퍼레이드
황홀하게 바라보다가 발밑 어두움 깜짝 깨닫고
황급히 내려오기 시작했다.

너무 늦었다는 생각 잠깐 있었지만
겨우 정상 485미터, 동네 뒷산, 부지런만 떨면 금방 내려가는 길

쉽게 나 믿고 내려오다 그만 길을 잃었다.

이쯤 오면 운동시설 있는 곳인데
이쯤이면 분명 다니던 길 나와야 되는데
짙은 구름 나무숲 뒤덮인 어둠 속에서 가쁜 숨 거칠어지고
동공은 부질없이 커지기만 했다.

밤새 씨름하던 야곱의 신음소리, 아둘람 깊은 굴 속 다윗
의 절규
온통 온 몸 휘감아 내리는데 한 줄기 불빛 갑자기 내 환도
뼈를 쳤다.

– 2008년 길을 잃었다가 퍼뜩 정신 차리는 분들도 아름다운 분들,
격려를 보내면서.

이 정희 선생님

큰 선생님이시지요!
심해 더 깊은 곳에서 퍼 올린 순수
뭐라 다른 이름 붙일 수 없네요.

그 정
그 푸름
그 신선함
그 천진난만함
그 다함없는 드림
그 어린 아이 그대로 믿음
그 평생 한 길 오로지 한 마음
그 분 위해 올곧은 삶 꾸준히 살아오신 선생님

아시아 넓은 대륙 한 구석 소외된 젊은이들 너무 안타까워
희망의 나라 베트남 천진스런 마음들로 하여 뜨거운 가슴
터질 듯싶어
가지신 것 다 아낌없이 내놓지 않고는 못 견디시는 손길
큰 나무주걱으로 방금 긁어낸 누룽지
따끈함
따스함
따사로움

피터의 맘
필립의 엄마
과묵한 신사 무슈 리의 더 좋은 반쪽
광풍 휘몰아치는 바다 마구 흔들리며 항해하는 일꾼들의
어깨를
그 큰 눈망울 적시며 가벼이 토닥이시는 큰 손

그분 마음에 합한 분
주님의 기쁨 안 정희 선생님!

– 2013년 12월 5일 로스앤젤레스 라 미라다에서

제 4부

베트남의 시간

"

내가 사는 호치민엔 계절이 없다. 더운 여름, 비오는 여름, 비 안 오는 여름이 있을 뿐인 베트남의 시간은 '월화수목금토일'이다. 베트남은 우거진 밀림이 많은 곳이고 광야가 없는 곳이다. 어디에나 강물이 흐르고 물이 풍성한 아름다운 곳이다. 그러나 나는 이곳 희망의 땅에서 이스라엘 백성들이 홍해를 건너 40년 동안 광야를 전전하며 나그네로 산 것처럼 그렇게 걸어가려고 한다. 베트남의 시간 속에서 가데스바네아 광야를 하늘만 바라며 나그네 길로 걸어갈 작정이다.

집짓기

집이 없네요.

오랜만에
정말 먼 길 돌아왔는데
집이 없네요.

공항에 내렸을 땐
웅장한 인천 공항 즐비한 고층 아파트들
나를 마중하는 듯싶어 으쓱하고
아들 딸 사위 손녀 모두 만나 얼싸안고
그리웠던 친척들 정겨운 사랑
이리 저리 나누느라 행복했었는데

새벽 3시
제트 래그 시간차로 하여 눈 번쩍 뜨니까
갑자기
집이 없네요.

허긴
집이 있기는 있었나요?

통나무 화사하게 타오르는 벽난로 그 앞

흔들의자 하나
안락의자 둘
아늑한 조명 아래
아내와 커피 한 잔 나누는
그런 집 내 집이라고
꿈꾸며 살았잖아요?

다시금
집짓는 생각 주셔서 고마워요.

그럼요.
지어야지요.
새 집 하나 지어야지요.
집 생각 하게 해 주셔서 고마워요.
이왕이면 멋진 집 짓고 싶어요.
그것뿐이에요.

다시 좀 자야겠어요.
도와주심을 믿어요.

– 2008년 6월 25일 4년 6개월 만에 미국에서 방금 돌아와서

땅 찾기

우선 땅이 있어야겠지요.
좀 넓다 싶음 더 좋고
오름, 내림 약간 있으면 더 좋겠어요.
큰 나무, 작은 나무 이리 저리 어울리고
저 아래 쪽 시냇물 하나 흐르면 얼마나 좋을까요?

여기 지기 온통 초록빛
노랑, 빨강, 하양 꽃들 환희하는
목초지 비스듬 누워있고
아빠, 엄마, 아가 양
한가로이 노니면 정말 좋겠네요.

저 먼 곳 아스라이
해맑음 머리 얹고 미소 짓는 설산들
집터는 그런 곳이면 해요.

날씨는요.
맑음, 따뜻함, 이른 비, 늦은 비
창문 열면 가슴가득 실바람
그런 곳에 집터 있음 좋겠지요.

새 집 지을 그곳

가라고 명하신 땅이
그럴 거라는 걸 잘 알아요.

사랑해요.
찬양 드려요.
고마워요.

– 2008년 6월 29일 새벽에 대전 서영이네 집에서

"아가서" 를 읽으며

갑자기
절벽 무너지는 소리
칼과 창 부딪치는 날카로운 파열음이 들린다.
그 소리는 온 방 가득
울리다가 흔들다가 아우성치다가
내 고막 찢고 나서
나를 씻는다.

베트남의 첫 새벽은
이렇게 시작되고
나는 베트남에 있음을 실감한다.

어디서나
헬멧 쓰고 마스크하고
좁은 길 가득 내달리다가 틈만 있으면
돌기, 앞지르기, 비집고 들어가기,
내 길 먼저 챙기고 달아 빼기
경적 요란한 길
베트남의 오늘

두 눈 크게 뜨고 기도하며 건너가며
부지런히
"아가서" 를 읽는다.

– 2008년 8월 22일 베트남에서 첫날 새벽에

메콩 강은 흐른다.

티베트 설산 얼음물로 발원하였다든가?

천상의 감로수
하늘로부터 내려
미얀마, 라오스, 타이, 캄보디아
구비 구비 한 뜻
사 천 이 십 킬로미터

방울져 내리다가
굴러 튀어 곤두박질 하다가
휘어 돌고 돌다가
흐르는 듯 마는 듯 게으름 피우다가
끝내는 아래로 흘러

기쁨, 노여움, 슬픔, 즐거움
수레바퀴 흥망성쇠
끊어지지 않는 카르마 고리사슬

씻으며, 닦아주며, 덮어주며
흘러오다가
흘러내리다 그만 지쳐버려
흙 갈색 물줄기 아무렇게나 흘러내려

큰 선물, 큰 풍요
메콩 삼각주 아홉 갈래 구룡강 만들어 주고
엄마 바다 푸른 가슴 무심히 안기는데

물인가 뭍인가?
도도히 흐르는 메콩 강 바라보며
내 눈도 황토색 되어 초점을 잃는다.

차라리 눈을 감는다.

그리고
내 심장 터지도록 때리는
외침을
그리고 갈급한 절규를
나는 듣는다.

아, 베트남!
그곳엔 어디에나
메콩 강이 흐른다는 사실을 너는 아는가?

앞거리 뒷거리 모터사이클 홍수 속에도
헬멧 아래 반짝이는 눈동자들 속에도

야자수 숲속 부끄러워 숨어있는 오두막 할머니 향불에도
아오자이 꽁가이 가냘픈 미소에도
그리고
모두를 사랑하는 내 아픔 속에도

메콩 강은
그렇게 흐르고 있다.

– 2008년 9월 10일 미토에서 메콩 강을 바라보며

스콜

한 걸음 두 걸음 한껏 늘어지게 걸어 보아도
스물 거리는 찐득함
짜증스런 무더위
주름살 패인 곳마다 사정없이 파고든다.

베트남의 운명
베트남의 오후

긴 창 모자 눌러 쓰고
실눈 가늘게 떠 모르는 체 하려해도
어쩔 수 없는 열기 온통 나를 비웃는다.

숨은 가빠지고 목은 타는데
참 쉼 오아시스는 어디에 있기는 있는 것인가?

큰 나무 작은 나무 신기루 그림자
헐떡거리며 찾아보다가
긴 창 모자 팽개치고 실눈 아예 질끈 감고
아브라함처럼, 이삭처럼, 야곱처럼, 모세처럼
그렇게 속절없이 하늘을 본다.

바로 그 때 저 만치

엘리야의 검은 구름 한 개 아마 보았지 싶은데
갑자기 우레 소리 번개 불 내 고막 찢고, 찢어 버리고,
찢다가
스콜이
내 얼굴, 내 가슴, 내 뼈 속까지 때리고 난도질 한다.

알았어요! 알았다니까요!
나는 오늘도 스콜 때문에 행복하다.

– 2009년 6월 우기에 접어든 호치민에서

사이공의 크리스마스

정말 아무 것도 기대하지 않았는데
이곳엔 지금
"메리 크리스마스"가 한창이다.

하얀 눈도 없는 곳
그분 얘기를 베트남 사람들에게 해선 안 되는 곳
작열하는 태양으로 하여
한 낮에는 아직도 두텁게 커튼 내리고
냉방기를 켜야 하는 우리 아파트 출입구에
12월하고도 첫째 날
성탄절 트리가 하나 세워졌다.

휘어 감긴 조명등 눈부시고
꼭대기 큰 별 아래엔
영어로 쓰인 "메리 크리스마스"가 선명하다.

푸른 가지엔
금방울, 은방울, 흰 눈 결정체들 주렁주렁 매달리고
싼타 할아버지 썰매엔
빨간 리본 선물 꾸러미 가득 담겨 있다.

소스라치게 놀라 밤거리를 나선다.

거리마다 골목마다
가게마다 식당마다 백화점마다 투쟁구호 선명한 공원마다
조상신, 잡신 모셔진 집들조차도
성탄 축하 장식들로 가득한 사이공

나는 혼란 속에서 헐떡거리며 밤거리를 헤맨다.
처음엔
놀라움으로 신바람 나다가
갑자기 회칠한 무덤 그분이 없는 성탄절로 하여
실망하다가 분노하다가
다시금
경이로움으로 베트남의 크리스마스를 본다.

고마워요!
꼭 집어서 말은 안하겠지만
"메리 크리스마스"를 공공연하게 말 못하는 나라도 있는데
여긴 분명 "메리 크리스마스"가 넘쳐흐르네요.

저를 여기 보내 주셔서
고마워요.

– 2008년 12월 16일 크리스마스 장식으로 휘황찬란한
호치민 번화가를 보면서

날마다 동그라미 그리기

손 모으기
눈 뜨고 기도하기
혼자인 걸 알았을 때 얼른 손 내밀어 꽉 잡고 다니기

칭찬하기
살리는 말하기
아무 말 없어도 도와주기
도와주면서 아무 말 안하기

목에 힘 안주기
똥 폼 안 잡기
안 알아줘도 기쁘기
누구 탓 안 하기

밥 때 되면 먹기
잘 때 되면 자기
피곤하다 싶음 쉬기
땀 날 때까지 걷기
자투리 시간 활용하기
자유에너지 늘이기
날마다 적어도 스무 페이지 쯤 뭐 좀 읽어보기
뭔가 써 보기

아내하고 커피마시며 다이아몬드 게임하다 저버리면
약간 삐졌다가도 금방 미소 짓기
남의 말 경청하기
하고 싶은 말 좀 참아보기

새벽하늘 즐기기
해놀이 기다려 보기
혹시 멋진 해오름 아니어도 금빛 찬란한 억새풀 흔들림 보며
어깨 툭 쳐 주시는 손길 느끼기
들새 산새 노래 들으며 시편 흥얼거리기
메콩 흐름 잔물결 푼수같이 바라보며 하염없이 눈물 흘려 보기

시키는 일 잘 하기
시키지 않아도 일 찾아 하기
바른 일 욕 먹어도 그냥 밀어 붙이기
가르칠 땐 마지막이라 생각하고 열 내며 가르치기

남은 날 계수하며 살기
주신 내 달란트 최대화하기
청지기로 살기

나그네로 살기
날마다 동그라미만 그리기

– 2009년 9월 호치민국립대 한국학과 교수로서 일하기 시작하면서

사이공의 낙엽

이상도 하지 요즘
새벽 산책 나서면
베트남 처녀들 비질하며
길에 쌓인 낙엽 쓸어 모은다

노랑, 갈색, 연초록
큰 잎, 작은 잎 낙엽들이
흐트러져 내려 있다.

눈 한번 비비고
놀라움으로
힘차게 서있는 늘 푸른 나무
사철나무들을 바라본다.

짙은 초록 빛
물 잘 오른 싱싱한 나뭇잎들이
자지러지게 웃는데
다시 한 번 눈 비비고 살펴보아도
어디에고 단풍은 없다.

뭉클 솟구쳐 오르는 목 메임으로 눈물이 고인다.
"나는 쇠하여야 하겠고 그는 흥하여야 하리라."

거친 약대 털 옷 입고 메뚜기를 씹으며
속삭이는 요한의 목소리가
이미 사람들에게 까맣게 잊혀져버린 낙엽 덤불 속에서
나지막이
들려온다.

작열하는 호치민의 태양 아래
화사한 무대와 갈채는 없지만
사이공의 낙엽들은
하나씩 둘씩 하염없이 떨어지며
마지막 최선을 다 하고 있다.

사이공에도 가을은 있다.

– 2009년 11월 낙엽을 밟으며

베트남의 설날

우리 설날은 언제나
기다림
먼 산마루 쌓인 눈 내다볼 것도 없이
엉거주춤 웅크리고 아랫목에 앉아
얼음바람으로 삐걱대는 반쯤 닫힌 대문짝에 '입춘대길'
붙여 놓고
까치 떼 반가운 지저귐
강남 제비 박 씨 하나
뭔가 그런 거 기다리는 날

그런데
이곳 설날은
집안 여기 저기 페인트 칠 다시 하고
온 가족 한데 모여
녹두, 돼지고기 저며 넣고
바나나 큰 잎으로 꼭 싸매어 푹 찐
네모 찹쌀떡 '반쯩' 서로 나누며
싱싱한 초록 수박 한 칼에 쪼개어
누구 속살 더 빨간지 겨루며 깔깔거리는
큰 잔치

이곳 설날은

산도, 들도, 거리들도, 집들도
살구꽃, 복숭아꽃, 국화, 해바라기
노랑, 분홍, 빨강
온통 꽃으로 화사하게 치장한
꽃들의 축제

노랑 살구꽃은 남쪽 사람들이
분홍 복숭아꽃은 북쪽 사람들이
자기 핏줄들 행복을 기원하는 기도라는데
뭐 꼭 그런 의미가 아니더라도
꽃무리들 합창으로 맞이하는 베트남의 설날은
나를 흥분시킨다.

묻노라!
여기가 정말 온 대지가 피로 얼룩진 이념들의 싸움터였나?
섬뜩한 전쟁 사진들, 무서운 폭탄 잔해들
살생 무기들로 가득한 전쟁기념 박물관도
한 구석 아무렇게나 걸려있는 아이들 몇 그림처럼
온통 꽃들로 묻혀있다.

갑자기
굉음 울리며 도심 가득 질주하는 모터사이클 틈새로

목 메인 노랫소리 청아하게 들린다.

"나의 살던 고향은 꽃 피는 산골
복숭아꽃, 살구꽃, 노랑국화, 해바라기"

그렇다.
널려 있는 살구꽃
흐드러진 복숭아꽃
한데 얼려 춤추는 물오른 국화
하늘을 바라 목 길게 뽑고 해맑은 웃음 웃는 해바라기
가지 찢어지도록 가득 열매 맺은 꺼이큉 귤나무들로
설날을 즐기는 이들은
정녕 꽃 사람들이어라.

쭉 남머이!
뜨거운 가슴으로 새해 인사를 보내며
내 등 두드리시는 그분께 조용히 다짐을 드린다.

"꽃 사람들하고 있게 해 주셔서고마워요.
새해엔 꽃 친구들한테
셋 째날 꽃들 만드신 당신을 많이 소개할 게요."

– 2010년 베트남 설날 아침에 밤길 걸으며

밤길 걸으며

아내와 걷는다.
어두운 밤 좀 늦은 시각
인적 드문 산책길 둘이 걷는 길
아무 말 없이 그냥 걷는다.

아내와 난 좀 한가하게 걷는다.
어둠으로 하여
넓은 잎들로 가려진 가로등으로 하여 오히려
먼 앞쪽은 무의식의 경계처럼 짙은 어두움
내딛는 발 가까이는 흐릿한 초점의 혼란이어도
늘 같은 자리 관성의 법칙으로
그렇게 걷는다.

귀밑 땀방울 두어 방울 맺히면 한 바퀴
이마와 목덜미로 땀방울 흘러내리면 두 바퀴
겨드랑이 아래쪽 푹 젖으면 그렇게 산책은 끝이 나고
짙은 베트남 냉커피 냄새 그리워 그리워하며 집으로 돌아
온다.

아내와 난 내일도, 모레도 걸을 것이다.
억수로 내려치는 스콜의 빗발 헤치며 걷지는 못하겠지만
만보기 허리에 차고 걸음 수는 세어도

뭇별을 세지 않는 사람들처럼
두 귀 리시버 꽂고 뭔가는 듣지만
밟히는 낙엽들의 아우성 듣지 않는 사람들처럼
그런 걸음은 싫어

둘은 별로 말은 없어도
번 앞쪽 짙은 어두움 응시하며
부지런히 걷는 다른 사람들에게 늘 따라잡히며
그래도
한껏 여유 부려보는 느림으로
그렇게 걸을 것이다.

그리고 가끔은
먼 하늘 위 어둠속에서 빛나는
희미한 별들 세어보며 그렇게 걸을 것이다.

– 2010년 9월 밤 산책을 하면서

부끄럼쟁이 꽃

부끄럼쟁이
넌
그렇게도 자신이 없니?

바람 휘익 불어 검불 한 개 날아와
힐끗 부딪혀도
어쩌다 나비 날개 한 끝
살짝 건드려도
그만 너무 부끄러워 작은 팔 얼른 접고
고개 푹 수그리는 넌
정말 부끄럼쟁이
오죽하면 시은이가 그런 이름 붙였을까?

조심스레 납작 엎드려 땅을 기는 넌
키가 너무 작아
눈길 한 번 안 주는데 아무도
네 분홍 꽃 머리
왜 맨 날 하늘을 바라니?

폭풍우 몰아친 저녁
무자비하게 대지를 때리며 퍼붓는 스콜의 포효 앞에
네 초라할 모습 너무 안쓰러워

허둥지둥 널 보러 나갔다가
온통 온몸 바닥으로 낮추고
동그란 눈 하늘을 바라 꽃 머리만 고추 세운
스데반 집사를 만났다.

그래
부끄럼쟁이 꽃이 되는 거야
푯대 향해
꽃 머리 가슴일랑 고추 세우고
다른 걸랑 다 내려놓고도 끈질기게 지경을 넓히는
너대로 하는 거야

밀물 때 제법 큰 통통배 오르내리고
썰물 땐 뱃사공 외로이 노 젓는 볼품없는 뱃길 옆
아무도 상관하지 않는 너른 터 한 옆에서
널 바라보며
부끄럼쟁이 순교자의 소리 없는 간증을 듣는다.

– 2010년 10월 8일 푸미흥 공원 풀밭에서

나무 자르기

그래 그건 가지치기가 아니었어.
아무래도 그건 나무 자르기였지.

우기에 접어들면서 가로수들이 잘려 나가기 시작했다.
그토록 푸르렀던 울창함
하늘 높이 솟구쳐 올랐던 화려함
열사의 태양을 가려주던 엄마 그림자
스콜이 올 때마다 회오리바람 자연스레 막아주던 유연함
밤이면 수많은 새떼들의 보금자리 엄마 품
가지치기라는 미명으로 순식간에 잘려버리고
몽당 밑동 둘만 남는다.

처음에
가지치기 일꾼들의 고함소리, 기계톱소리 요란할 때부터
난
6층 베란다에서 가지치기 바라보며
잔가지 조금만 쳤음 싶다고
모양 좀 멋지게 만들었음 싶다고
실눈 가늘게 뜨고
팔짱 꽉 낀 채 잔잔한 미소 띠어 올리며
환호와 갈채 보내고 있었다.

그런데 이게 웬 일
베트남의 가지치기는 환경의 파괴
그야말로 충격이었다.

잔가지들 살살 치다가 갑자기
큰 가지들 마구 자르더니
내 안타까움 제쳐두고
설마 거기까지는 아닐 거야 하는 내 소망 속절없이
그야말로 두 밑동만 남겨놓고
마지막 자존심도 잘라 버렸다.

남은 건 벌거숭이
나뭇잎 한, 두 개 걸린 잔가지도 없는
엽기적인 맨 밑동 두 개
이젠 나무라고 불리기엔 처참한 부끄러움
달랑 그것만 남았다.

두 팔 벌려 감추고 싶은 나무 밑동 바라보며
안타까워 하다가 분노하다가 서럽게 울다가 문득
난 내 몸통 온통 잔가지
목이 곧은 머리통 무성한 잔가지들로 하여
움직일 수도, 서 있기도 어려운, 엉망진창인 나

나를 보게 되었다.

고마워라! 베트남의 가지치기

무섭도록 잘라버려야 가로수가 되는 걸
밑동만 남는 가지치기로 하여 진정한 가로수가 된다는 걸

나이 칠십이 되고서야 겨우
나무 자르기를 시작한다.

– 2010년 12월 71세 생일을 바라보며

얼마 전 있었던 일

더 높이 오르라고 까마득 오르라고
하늘까지 올라야만 한다고
그래야 되는 거라는 가르침으로
두 주먹 불끈 쥐고 아등바등 입술 깨어 물고
고개 오르다 언덕 오르다
동산 오르다 산마루 오르다
험산순령 오르다 최고봉 만년설 정상 등정했건만

오름으로 하여
나만 있고
뻣뻣한 목 더 굳어져
끝내
그분은 만나지 못했다.

얼마 전
이름도 모르는 시골길 오토바이 뒷좌석
패어진 길 먼지 길 지상 20센티 고도에서
비포장 길 불규칙한 충격 척추로 받고
흙먼지, 하루살이, 센 바람 사정없이 후려쳐
날파리 충격으로 쓰라린 눈알 이러지도 저러지도 못한 채
속절없이 밀려드는
외로움, 피곤함, 아픔, 왕짜증으로

다 그만두었음 싶을 때

갑자기 난
바로 내 등 뒤 내 허리 꼭 안으신 그분 숨결 느꼈다.

고마워라!
가나로 올라가는 산길 땀 흘리시며 걸으셨던 분
머리칼 흩날리며 갈릴리 바닷길, 사마리아 황야, 유댓길
광야, 두로에서 시돈까지 다니셨던 분
비틀거리다 쓰러지다 또 일어나 골고다 험한 길 오르셨던
그분
손길
숨결

흙먼지 흩날리는 시골길 지상 20센티 고도
불안한 눈망울 실눈 아래 감추고
오토바이 뒷좌석 엉거주춤 구부려 앉은 내 등 꽉 잡고
달리고 있다.
그분은 오늘도!

– 2011년 3월 꿔년에서 라이다이한 가정 방문을 마치고

가데스바네아에서 살고 싶다네

가데스바네아에서 가데스바네아로
나는 나그네로 살고 싶다네.

다른 사람들이야 광야가 싫어
라암셋 큰 성 130 데시벨 부끄러움 잊게 하는 황홀한 가락에 홀려 S라인 몸 비틀며
'일체유심조', 가상공간 내달리며 고기, 떡 구어 먹으며
바쁘게들 잘난 체 살고 있네만
사실 난 하늘만 바라야하는 가데스바네아 광야가 좋다네.

아는 사람은 다 아는 일인데 나도 한 때는
자아실현 이루려 포장도로 내달리며
차가운 밤, 열사의 태양, 죽도록 목마른 황무지가 싫어
적자생존 카멜레온, 용불용설 진화 추구하며
남 탓으로 우기며 살아 왔다만 이젠

파란 하늘 하나 시야에 꽂히는 광야에서
기도 손, 주 바라기, 나그네로
그렇게
쭉 그렇게
살고 싶다네.

– 2012년 새해 첫 아침에

오병이어(五餠二魚)

마가복음 6장 35-44절

때가 저물어 가매 제자들이 예수께 나아와 여짜오되, '이곳은 빈들이요 때도 저물어가니 무리를 보내어 두루 촌과 마을로 가서 무엇을 사 먹게 하옵소서.' 대답하여 가라사대'너희가 먹을 것을 주라' 하시니 여짜오되, '우리가 가서 이백 데나리온의 떡을 사다 먹이리이까?' 이르시되, '너희에게 떡 몇 개나 있느냐? 가서 보라.' 하시니 알아보고 가로되, '떡 다섯 개와 물고기 두 마리가 있더이다.' 하거늘 제자들을 명하사 그 모든 사람으로 떼를 지어 푸른 잔디 위에 앉게 하시니 떼로 혹 백씩, 혹 오십씩 앉은지라. 예수께서 떡 다섯 개와 물고기 두 마리를 가지사 하늘을 우러러 축사하시고 떡을 떼어 제자들에게 주어 사람들 앞에 놓게 하시고 또 물고기 두 마리도 모든 사람에게 나누어 주시매 다 배불리 먹고 남은 떡 조각과 물고기를 열 두 바구니에 차게 거두었으며 떡을 먹은 남자가 오천 명이었더라.

제 생각인데요, 주님
여긴 빈 들이고 먹을 만한 곳도 없는 것 아시잖아요?
날은 저물어 가고
이토록 많은 사람 어쩌란 말인데요?

엄청난 경비가 있어야 된답니다.
전 세 단위만 넘어가도 셈이 안 되는데
전문가 빌립이 벌써 계산 끝냈다니까요?

여기 온지 3년하고도 7개월

나름대로 짧은 세월이긴 해도
저도 뭔가 좀 하긴 한 것 같은데요.

못 합니다.
제 배운 짓으로 뭔가 하라시면 하지요.
그런데요
200데나리온이 어디 장난인가요?

못 합니다.
안 합니다.
다른 사람보고 하라 하세요!
아 뭐, 큰 집 가진 분들에게 하라 하세요!
전 아닙니다.
전 물고기 두 마리, 떡 다섯 덩이가 있기는 있어요.
그거 혼자 먹고 그냥 하던 일이나 좀 하면 안 될까요?
아니, 혹시 주인님께서?
배고프시면 드릴 테니 잡수세요.

예? 뭐라고요?
뭐라고 말씀하셨어요?
혹 100명, 혹 50명 씩 풀밭에 앉히라고요?
그건 왜요?

그래서 뭘 하시려고요?
하라면 하기는 하겠지만 이유는 좀 물어봐도 안 될까요?

그 분은 아무 말씀 없이
두 마리 물고기, 떡 다섯 개 받으시고는
하늘을 우러러 축사하셨고
떡을 떼어 주시며
물고기도 나누어 주라고 명하셨다.

그래서
집짓기는 기약도 없이 시작되었고
흐릿한 눈, 이순이 넘은 나이에 나는 확실히 본다.

베트남의 젊은이들
계수되지도 않은 더 많은 베트남의 여인들과 아이들
광야 거친 풀밭 떼 지어 앉아 배불리 먹고
만삭되어 태어나지 못한 나에게도
눈물 기도 참여한 당신에게도
남은 떡 구운 물고기로 흘러넘치는 큰 바구니를!

– 2012년 4월 VICORUS 기술전문대학 후원금 모금을 시작하며

구유가 없네요.

너무 조용하네요.
오싹 추위 느껴지는 어두운 방 한 구석
헐렁한 점퍼 걸치고 소파에 앉아
두터운 이불 뒤집어 쓸까말까
그저 아무렇게나 노출된 발가락 시림 안타까워하며
그렇게 성탄절을 보내고 있습니다.

원래 미국의 성탄절은
벽난로 통나무 틱, 툭, 화사하게 타오르고
불 밝힌 크리스마스트리 휘황 찬란 빛나고
누구나 한 가족 되어 따뜻한 한 잔 커피 정겹게 나누는
그런 밤 아니었나요?

은가루, 금가루 매직 왠드 휘두르듯
웃음 가득한 식탁
즐거운 만남
모든 사람 마음 속 아기 예수 기대하며 황금, 유향, 몰약 드리는
그런 게 바로 성탄절이었는데
그 걸 왠지 느낄 수 없어 안타깝네요.

마리아도 없네요.

요셉도 없고요.
동방박사도 없고요.
긴 밤 추운 밤 동그란 눈으로 주님 기다리는 목자들도 없는 듯싶고
낮은 구유 찾을 길 없으니 어쩐 일이지요?

웅장한 그랜드 피아노 앞 멋지게 찬양하는 성가대원들
열정어린 몸짓으로 드럼과 기타에 맞추어 사랑을 외치는 가스펠 송 리더들
사자후를 토하는 거룩한 메시지들
분초까지도 관리해야 하는 모임과 모임들
파티와 파티들로 하여 정말 성탄절 같긴 한데요

여기도 어려움 저기도 한숨들
보기 싫은 인간들은 왜 그리 많아서 입 비쭉 내민 상처투성이의 사람들
땅에는 평화, 하늘에는 영광 가득한 날
왜 전 같지 않다고
언제 경기가 살아날 거냐고 푸념하는 사람들 많아서 참 안쓰럽네요.

마땅히 기뻐해야 할

고요한 밤, 거룩한 밤

베들레헴 마구간
아기 예수님 누우실 작은 구유는 어디에 있기는 있는 걸까요?

너무 피곤해서 그렇게 느꼈기를
전혀 그런 것 아니기를 바라고 있어요.

베트남에 가고 싶네요.
집집마다 거리마다
벽난로 통나무 필요 없는 곳
행복지수 높은 곳
젊음 가득 한 곳
경건한 팔짱 끼고 자신의 몸 구유되기 원하는 젊은이들이
그래도 좀 있는 곳
오토바이 뒤쪽 좌석 그분이 계신 곳

– 2012년 12월 24일 로스앤젤레스에서

행신역 가는 길

작열하는 베트남의 열기 속
그저 하릴없이 눈감고
눈망울도 못 굴리며 기다리는 기다림
정글 속 외로이 거꾸로 매달린 나무늘보는
언젠가 종내는
눈 깜빡거림이라도 하기는 할 것인가?

약속
400년 긴 세월 영문도 모르고 살아가던
이스라엘의 바램, 기다림
여기 호치민
메아리도 없는 한 구석에서
일상으로 반복되고 있는데

묻지도 못하고 서로
혹시 눈 마주치면 어쩔거나 얼른 눈 내리까는 안타까움 가
슴 떨림
잠 못 이루는 울화통, 두통, 복통

한 줄기 스콜 너무나도 그리운 바싹 마른 달팽이는
도대체 지금 어디서 어떻게 살아가고 있을까?

뭐 그런 생각으로 뒤척이다가
난 오늘도 시편을 읽는다.

이제 겨우 4년 6개월
따져보면 그저 한 순간
KTX만 타고 다니다가
보잉 747만 타고 다니다가
초고속 광케이블에만 익숙해져 있다가
빠른 박자로 찬양하는 입발림
내 소리만 냅다 치는 입 벌림
그런 짓만 골라 초고속으로 달려만 가다가

문득
베트남의 시간 걸림
그 느림은
제 시간 오지 않는 버스 아무렇지도 않게 기다리는 긴 머
리 꽁가이
그분의 카이로스

베트남의 느림은
더 잘 준비하기
더 힘내어 씨름하기

될 때까지 매달리기
그래도 안 되면 다시 주님 뜻 찾기
그분이 가라면 가기
서라면 서기
내 고집 버리기
불평 안 하기
그분 높이기
은혜에 은혜 더하기

지난 번 대전에서 출발한 KTX로
번개처럼 서울에 도착했다가
한참 후에야
정말 느릿하게 종착역 행신으로 향해 가면서

난
느림의 참 뜻 알게 되었다.

– 2012년 호치민에서

땅 파기

바닷가 넓은 갯벌에서
집개 손가락으로 지렁이를 잡던 때가 있었지
부드러운 터 밭
호미로 고랑 파며 호박씨 심던 때도 있었지
야전삽 곡괭이 만들어 내 몸 겨우 숨길 구멍
파 본 일도 있기는 있다만
난 난생처음
앞뒤 강물 흐르는 편편한 대지에서
5층짜리 건물 지어보려 감히 땅을 파고 있다.

귀를 찢는 모터 소리는
안 될 거야!
어림도 없어!
네 힘으로 뭘 한다고?
제발 그만 둬!
안 된다니까!
속절없이 비명을 지르는데
5미터짜리 파이프는 미친 듯이 휘돌아 들며 땅 속으로 파
고든다.

한 개
두 개

세 개
네 개
이제나 저제나 파이프 끝 암반 때리기 기다리며
다섯 개까지 깊이 내려갔건만
솟아오르는 시커먼 갯벌 물 날 놀리며 피식 웃는다.

그렇게 시간은 흐르고
작열하는 베트남의 태양은 나 몰라라 뜨거운데
난 가슴이 타다가 찢어진다.

답답하지 않은 일꾼들 베트남 말로 키득 거리며
여섯 번째 파이프 연결하곤
다시 땅파기 계속한다.

그들의 무심한 표정 날 미치게 만드는데
한 일꾼 내 눈 피한 채 가끔 머릴 흔들며
그 밑 모르는 깊은 땅속 솟구쳐 올라오는 검은 흙탕물
찌그러진 양푼으로 퍼내며 눈을 굴린다.

그러다 갑자기
그 친구 뭐라 소리치며 십장을 부른다.
그리곤 모두들 검은 얼굴 속 하얀 이 들어내며 활짝 웃는다.
나온단다.
암반은 없지만 내가 그토록 기다리던 순수한 모래층 27미
터부터
드디어 나왔단다.
더 깊이 파 볼 필요가 전혀 없단다.

일꾼들 휘파람 불며 파이프 뽑아낸다.
이제 곧 새참시간, 그 후 모두는 돌아갈 시간이다.
첫 번 째
두 번 째
세 번 째
네 번 째
다섯 번 째
그리고 여섯 번 째
마지막 파이프 3미터는 순수한 모래, 금모래, 감추인 보물!
소중히 뽑아 샘플 팩에 담는다.

깊이 27미터 갯벌 아래 거기
앞뒤로 강물이 흐르든지 말든지
늪지대든지 툰드라든지
한 우물 깊이 파면

암반처럼 큰 건물 받쳐줄 금모래가 있다는 걸
난 다시금 확신하게 되었다.

그래 나올 때까지 파기만 하면 되는 것이다.
거기 깊은 곳까지 파일기둥 잘 박고
그 위에 집을 지으면 되는 것이다.

– 2013년 3월 11일 학교터 지질검사 현장에서

집 미리 보기

넌 평면이라 높이는 없다만
난 베트남 스타일
높이 솟은 배움 집 본다.

전면 현대식 유리 우아하게 장식된
그라운드 층 썩 들어서면
왼쪽엔 멋진 리셉션 데스크
아오자이 꽁가이 배꼽인사로 날 맞이하고
정면 카페테리아는 진한 커피 냄새로 가득하다.
오른 쪽엔 계단과 엘리베이터
하지만 난 중층 내 방으로
걸어서 올라갈 거라고 미리 다짐해 둔다.

1층부터 4층까진 교실이니까
가르치러 교실에 가려면 한 두어 층 걸어 올라가면 될 거고
혹 옥상에서 약속의 땅 멀리 바라볼 일 있으면 폼 잡고 엘리베이터를 탈 작정이다.

거기엔 멋진 공중 정원
마지막 층 엘리베이터 문 열리면
화사한 화초 사이 벤치에선
하얀 이 보이며 내일 이야기

기타반주로 사랑을 노래하는 에덴이 거기 있을 것이다.

– 2013년 3월 19일 마지막 조감도에 서명하며

일흔 두 번째 설날을 맞으며

2013년 2월 10일
베트남엔 어김없이 계사년 새 아침 닥아 오는데 난

사오미 신유술해 자축인묘 진
사오미 신유술해 자축인묘 진
사오미 신유술해 자축인묘 진
사오미 신유술해 자축인묘 진
사오미 신유술해 자축인묘 진
사오미 신유술해 자축인묘 진
사

윤 유월 육일부터 시작된 내 12간지
뱀처럼 돌고 돌아 이제야 철들어 가는 삶 반추하며
A4용지 폐지 뒤쪽 하얀 공백에
집짓기 설계도면 그렸다가 고쳤다가
찢어버렸다가 다시 고치기 반복하며
오늘도 내 나머지 날들 계수하고 있다.

몇 년 전 잘라이 산마을 지나다가 그냥 지나칠 수 없는
찌그러진 목조 집
빛바랜 지붕 따라 흘러내리는 빗물 받아 마시는 나 닮은
얼굴

차마 잊히지 않아
거실 하나, 침실 둘, 수세식 장치 갖춘 부엌, 화장실
집 한 채 작은 소망 만들어주고 행복했었는데
어느 새 나도 모르게
여러 관청 빨간 도장들 받아야 하고
토지형질변경 허가신청
허가 후 전문 설계도 몇 권 있어야 하고
또 수십 군데 관청 돌며 빨간 서명 얻어야 하는
엄청나게 많은 돈 들어가면서도
정말 짓기는 지을 수 있는지도 예측 불가능한 무한한
기다리기
내 능력 한참 벗어난 기술학교 집짓기 떠밀리어 진행하고
있다.

돌이켜 보면 신음과 한숨, 기도와 통곡, 순종과 두려움
그러면서 세월은 흐르고 있는데 난
그동안 이루어 주신 놀라운 은총 세어보며
종심소욕 불유구의 나이에 하늘 흘깃 쳐다보며 다윗의
시편 읊조린다.

눈망울 빛나는 젊은이들에게 영어와 한국어를 얼마나 더
가르칠 수 있을까?

남 중심의 삶 주님의 삶! 말없이 어떻게 가르칠 수 있을까?

라이다이한 1세, 2세들 가슴 속 깊이 박힌 피맺힌 한들
내 날 수 동안 해결할 수 있을까? 없을까?

주님 명령하신 기술전문학교가 금년에 세워져
남 사랑하는 뜨거운 심장으로 늘 살아있는 지도자
주님 닮은 그런 제자들 키울 가능성은 있기는 있는
것일까?

내 사랑 푸엔 성 아름다운 바닷가
눈 감으면 파도소리 들려오는 그 언덕에
평화 희구하는 꿈 동산, 기도 동산
젊은이들에게 그런 세상 나누어 주고 싶은데
그 성공 확률은 정말 있기는 있는 것일까?

늘 덤벙거리다 일흔 두 번째 맞이하는 설날 새아침 닥아
오는데
성전건축 허락받지 못하고도 차분히 준비했던 다윗처럼
난 집짓기 설계도
90까지는 매년 설날마다 다시 그려야 할 일생 고공표
그리다가 지워버리다가

고쳐 그리다가 찢어버리다가
찢어버린 파지 다시 주워 고치며

A4용지 폐지 뒷면 하얀 공간에
주님의 동그라미 그리고 있다.

– 2013년 계사년 설날 기다리며

광풍을 맞으며

섭씨 30도 브라질 아마존 밀림 속
카이만에 놀란 뱀꽃나비 파득 날개 짓
그리곤 다시 뱀꽃 위 살포시 앉아
날개를 접었을 뿐인데
고작 그 것 뿐인데

적도 한참 위쪽 북반구
놀란 날개 짓 까마득 알 길 없는 텍사스
하루 종일 그레이하운드로 쭉 달려도 무한한 지평선의 땅
엄청난 광풍 들이닥쳐 모빌 홈 파크 하나 온통 아수라장이
되었다.

나비 효과
예측 불가능

때와 까닭 모르는 광풍 피하려
내 경험, 내 판단, 세상 살아온 지혜로
갈팡질팡 오만가지 광대 짓 다 하다가 그만 절망
에라 모르겠다! 끝이다! 죽으면 되지!
욕설 내뱉으며 물 푸던 바가지 휙 집어던지다가
그제야 고물에 머리 기대고 곤히 주무시는
그 분을 보았다.

아니! 우리가 죽게 된 것 모르시나요?
어떻게 좀 해 보세요! 좀 일어나기라도 하라니까요! 우리 선생님이시잖아요!

다급하게 주님께 소릴 지르긴 했지만
실상은 살아날 방법 없어 절망하며 부르짖은 외침일 뿐
설마를 기대하지는 않았었다.

그런데 그분은
한 마디 말씀으로 광풍 잔잔케 하셨는데
난 그 놀라운 순간에도
호된 책망 받은 후에도 결코 그 걸 믿을 수 없었다.

그러다가 그 일 지나고 또 한참 지난 지금에야
가슴을 치며 얼굴도 들지 못한 채
정답 되뇌고 있다.

"광풍 휘몰아 칠 때 엄한 짓거릴랑 하지 말고
그냥 고물 베고 같이 자면 되는 건데!" 라고.

– 2013년 11월 시련을 겪으며

베트남의 시간

월화수목금토일
일월화수목금토

월삭이나 월망 전혀 의미 없는 곳
화사한 꽃들 많아 화관 마음대로 만들 수 있어도 삼각형 농라 꼭 눌러 쓰고
수녬 여인처럼 눈빛 반짝이는 여인늘 사는 곳
목초 우거진 벌판 동지나해 해안선 길 따라 아오자이 S자로 길게 뻗은 나라
금생 사랑하며 오늘의 즐거움으로 가득한 곳
토지 비옥하여 삼모작 논 널려 있고 과일, 커피, 고무나무로 넘쳐나는 강과 땅
일꾼 정말 많이 필요한 곳

일 년 내내
더운 여름
따듯한 여름
스콜 있는 여름
비 안 내리는 여름으로 하여
사시사철 전혀 모르고 사는 난

일월화수목금토

월화수목금토일

다람쥐 쳇바퀴
베트남의 시간
곧은 낚시 낮게 드리우고 카이로스로 그렇게 살고 있다.

– 2013년 8월 28일 73회 생일을 맞으며

마지막 하나

마지막 호흡 때까지
꼭 갖고 있음 싶은 게 뭘까?
밤새도록
고민해 본 적 있어요.

집 한 채 있음 좋겠다 했지요.
돈도 좀 가졌음 했어요.
그리고
휴대전화 한 손에 꼭 잡고 있어야 된다 생각했어요.
그래서
흰 종이에 그렇게 써 보았어요.

다음날
밤이 맞도록
다시금 고민해 봤어요.

아내가 곁에 있어야 되겠더라고요.
아들, 딸, 며느리, 사위, 그리고 손자, 손녀들
쭉 둘러서 있음 좋겠더라고요.
그리고
며칠 전 출판된 내 시집 한 권
머리맡에 놓이면 괜찮겠더라고요.

그래서
그렇게 바꿔 썼어요.

며칠인가 한참 더 지나서
정말 긴 밤
눈 동그랗게 뜨고 앉아
꼭 갖고 싶은 것 세 가지
두 손 모으고 진짜로 생각해 봤어요.

그리고
이렇게 고쳐 썼어요.

그 자리
그 시간
하나면 돼요.

제 손 잡아 주실 걸 믿어요.

– 2008년 7월 1일

제 5부

가나다라 마바사

“

영문도 모르고 영어 영문학과에서 나의 일생을 보냈다.
멋진 영시를 읽으며 시어로서의 영어에 감탄하면서도 한국어야말로
멋진 언어라는 걸 꼭 증명하고 싶었다.
‘가나다라 마바사’는
그런 고뇌의 한 조각이다.

가데스바네아

가인으로 비롯한 도시문명은 끝내
가나안의 저주를 부르고, 그 후
가드지방 골리앗의 교만
가룟 유다의 배반
가야바 제사장 앞장 선 고발로 빌라도에 의해
가난한 마음
가없는 사랑 나무 십자가 지셨는네

가나 산동네 잔칫집 어머니 간청으로 물로 포도주 만드신 분
가버나움 회당 장 어린 딸 안타까워 살리신 분
가나안 수로 보니게 여인 일부러 찾아 두로 먼 이방 땅까지 가신 분
"가시 채 뒷발질하기가 네게 고생이니라." 참고 기다리다 못해 사울을 지명하여 부르신 그 분
가라지 검불 티끌 나의 회개도 끝내 기다리신 분은 도대체 어디에 있는가?

가뭄 중 빗소리 기다림 목동 되어
가시나무 떨기 활활 타오르는 놀라움 찾으러 오늘도
가데스바네아 홀로 헤맨다.

– 2012년 7월 판티엣 해변가 사막에서

나다나엘

나사렛에서 "무슨 선한 것이 나올 수 있느냐" 고 빌립에게 따졌던
나 살고 있는 동네에선 어림도 없지 메시아라니?
나중에 "와 보라" 는 빌립의 권고 따랐다가
나다나엘은 참 이스라엘 사람이란 말씀 들은 사람

"나를 어떻게 아시나이까?" 놀라서 반문하는 그에게
나직이 말씀하셨지, 그분은
나무 아래, "네가 무화과 나무아래 있을 때에 보았노라" 라고

나다나엘 그제야 참 메시아 만나
낙원으로 가는 길 가르칠 수 있도록
나아오라는 부름 받았다.

나는 오늘도 시골, 먼지투성이 산 길, 돌 길
나그네로 머리 둘 곳도 없이 오르시며 내리시며 갈릴리 호수 여기 저기 다니시며
나인성 과부의 아들 살리면서도 오히려
나사렛 고향에서는 배척을 받으셨던 주님께
나드 향수 아라바스타 병 깨뜨려 주님 발에 부어드린 여인처럼 그렇게는 못하면서

나사로처럼 하늘만 바라며 살지도 못하고
나아만처럼 일곱 번 몸 담근 순종 거부하며
나단처럼 목숨 내놓고 말씀 전하지도 못하면서

나 내세우며 비딱하게 서서 질문만 던지고 있다.
나다나엘의 고백
나 몰라라 하면서

– 2012년 9월 나짱에서

다소 사람

다메섹으로 가다가 그분 만나 회심한 사울은
다소에서 로마시민으로 태어나 예루살렘에서 최고의
학문을 닦은 사람
다 잘 알듯이 바리새인 중에 바리새인
다들 지켜야 하는 율법에 통달한 가말리엘의 제자

다수의 유대인들 나무에 달린 실패자 그분 따르는 것 정말
안타까워
다 잡아서 옥에 넣어 어리석은 무리들 뿌리 뽑겠다고
결심하고
다른 신념의 무리들과 더불어 스데반을 돌로 쳐 죽이는데
앞장섰고
다메섹까지 호기롭게 가슴 내밀고 가다 나처럼 그분 만난
후 너무 부끄러워
다부진 결심으로 자신의 이름 '작은 자' 로 바꾸고

다메섹에서 아라비아까지
다시 아라비아에서 다메섹까지 그리고
다양한 코스로 여러 차례 아시아, 그리스 도시 누비다가
다들 가고 싶었던 로마까지 가서 순교한 사람

다소 자신이 없기는 했지만 그런대로 나도 바울 되고 싶어

다짐하고
다잡으며 그분처럼 살려고 했다만 남는 건

다함없는 안타까움, 부끄러움, 모자람

― 2012년 11월 호치민에서

라헬과 라합

라반의 둘째 딸
라헬은 언니 레아와 달리 아리따워
라반의 우물가에서 야곱의 가슴 온통 부풀게 한 처녀

라헬의 아름다움으로 하여 야곱은 7년을 하루같이 죽어라
일하고 결혼했지만
라반은 먼저 레아를 아내로 주었고
라반의 속임수로 그는 다시 라헬을 위해 7년간 일할
수밖에 없었다.

라반 외삼촌과 조카 야곱의 속임수 게임 계속 되고
라헬도 레아도 질투, 불신, 경쟁으로 괴로운 삶을 살았는
데 끝내는
라반은 그토록 지키려던 재산 거의 야곱에게 내주고 역사
에서 사라졌고
라헬은 베냐민을 낳다가 죽게 되는데

라반의 이야기는 우리들 얘기!
라헬의 이야기는 너와 나의 얘기란 걸 알았을 때 너무 놀라
다른 이야기도 읽어보니

라멕이 두 아내 아다와 씰라에게 한 자랑

라메세스의 집요한 고집, 혼쭐 난 이야기
라합의 여리고성 이야기, 다윗의 조상 된 이야기, 예수 족보이야기
라틴어 불가타 성경도, 70인역 성경도 전하는 이들 이야기는
랍비들의 미트라슈, 탈무드, 게오님을 통하여 이스라엘의 역시로 내려왔는데, 놀라워라!

라면 끓여 아무 때나 먹는 것처럼 그렇게 읽은 바이블 스토리는 놀랍게도 너와 나의 이야기!

– 2013년 5월 아이리스 정 패션쇼를 마치고

마노 보석 다윗

마귀들 장난질 한창이던 시절
마구 떼를 쓰며 여호와보다 왕을 달라고 아우성치던 시절
마침내 사무엘도 왕을 허락해 준 일로
마지막 노년까지 괴로웠던 그 때
마노 보석 영롱한 빛깔 하나도 없는 소년 다윗은
마른 풀 같던 이스라엘의 별로 나타났다.

마귀 떼 집요함으로 몰려들던 블레셋의 용사들
마치 사단의 대장 같은 골리앗은
마구 여호와를 모욕하며 경멸하며 싸움을 돋우었건만
많은 이스라엘 용사 중 감히 도전하는 자 없었다고 성경은
기록하고 있다.

마음 판에 여호와를 모신 다윗은
마침 전쟁터에 심부름으로 왔다가 거룩한 분노 더는 참을
수 없어
마주 나아가 물맷돌로 골리앗 무찌르고
많은 칭송 받았지만 그 결과로
마지막 절망에 이르도록 사울에게   기는 신세 되어
아둘람 굴 속 어둠 속 죽은 자 같이 되었으나
마스길 시편으로 노래함으로 주님 마음에 합한 자 되고
파란만장 우여곡절

마침내 승리의 삶을 보여 주었다.

마라의 평생을
마노 보석으로 바꾼 다윗
마지막 날 나도 다윗이 되고프다.

– 2013년 10월 호치민 전쟁기념관 앞에서

바벨 탑

바람이 분다.
바란 광야에서
바산 고원에 있는 비옥한 땅을 거쳐
바벨론 유프라데스, 티그리스까지 흙모래바람이 분다.

바위덩이 대신 벽돌과 역청을 발명한 니므롯은
바쁘게 움직이는 사람들에게 하나님 없는 인간의 일치를
추구하려
바사와 바벨론과 수리아 어디서나
바라볼 수 있고 욕망의 한계 넘어 하늘 길
바라는
바벨 탑을 쌓고 있다.

바램과 의지와 시간만 있으면 하늘 성에 도달할 수 있다
는 건
바보도 알고 있는 자명한 일이 아니겠는가?
바지런하고 노력만 있으면 되는 일이다.

바른 교훈을 버린 인간들에 의해
바알을 따르는 자들을 위해
바위처럼 흔들림 없는 교만으로
바벨 높은 탑은

바보스럽게도 오늘도, 내일도 지어지고 있다.

– 2013년 11월 호치민에서

사래

사래의 고독 오늘도 무섭게 몰려온다.

사방 둘러보아도 오로지 가없는 지평선
사막 광야 야자나무 몇 그루 외로이 서 있는 작은 오아시스
옆 텐트 앞에 앉아
사랑스런 아이들 재잘거림
사뭇 슬픈 현악기 멜로디
사랑받는 이스마엘 뛰노는 것 곁눈질해 보는
사래의 외로움 처절함

사랑하는 아브람은 오늘도 무수한 별무리 은하수 바라보며
사생결단 속절없이 그분 약속만 바라본다만
사실 나이는 노년 소망은 없어
사려 깊은 판단으론 절망뿐인데

사 계절 없는 베트남의 미래는 도대체 나와 무슨 상관이
있는 것일까?
사래처럼 고민하며 난
사면에 펼쳐진 베트남 광야에서 그분의 약속 이삭을
기다린다.

사필귀정, 어쩔거나!
사래는 사라가 되어야만 하는데!

– 2013년 11월 호치민에서

□ 작품해설

가족과 이웃사랑, 그리고 봉사의 순례길

– 안정헌 제 2시집 『광야 나그네 길』의 작품세계 –

양 왕 용
(시인 · 부산대명예교수)

〈1〉

안정헌 시인은 2003년 제 1 시집 『살면서 살아가면서 살아가다가』를 발간한 후 LA로 떠났다. 부산대학교 영문과 교수로 정년 퇴임을 몇 년 앞두고, 미국 LA 근교의 Norwalk에 개교한 DIA 대학교 총장으로 갔던 것이다. DIA대학교는 오차원 교육으로 유명한 원동연 박사와 안 교수의 개인적 인연으로 이슬람권 자비량 선교사 양성을 목표로 설립하여 주정부의 인가를 받은 대학이었다. 그런 후 필자와는 인터넷으로 간간히 소식을 주고 받은 후 필자가 부산대학교를 2009년 정년하고 부터는 인터넷 주소의 변경으로 소식이 두절 되었다. 간간히 다른 사람 편으로 DIA대학교 때문에 사모님까지 무척 고생을 한다는 소식을 듣곤 했다. 그러다가 몇 년 뒤 베트남에 호치민국립대 한국학과 교수로 있으면서 자비량 평신도 선교사의 역할을 하고 있다는 소식을 들었다. 최근에는 베트남 청소년과 라이다이안들을 위한 기술전문학교 설립에 동분서주 하고 있다는 근황을 알게 되었는데, 지난 늦가을 안 시인과 전화가 연결되어 제 2 시집을 내겠다면서, 첫 시집처럼 필자에게 해설을 부탁해왔다.

필자는 안 시인의 평신도로서의 삶에 경의를 표하지 않을 수 없다. 왜냐하면, 필자는 여러 가지 사정과 조건으로 자비량 선교사의 삶을 결행 못하고 있는데, 인도의 네루대학 행이나 연변과학기술대에서의 봉사라는 결단을 하는 것에 대하여 부럽기도 하고 존경스럽기도 했기 때문이다. 그래서 DIA대학교에서의 봉사에도 꼭 같은 심정이었는데, 한국과 아이러니한 인연이 있었기에 필자도 관심이 많았던 베트남으로 갔다는 점에서 정말 사도 바울과 같은 순례자의 삶을 살고 있다는 생각까지 하게 되었다. 2003년부터 10년 동안 이러한 삶을 살고 있는 안 교수는 시인으로서는 어떠한 삶을 살았고, 어떠한 작품들이 탄생되었을까 하는 호기심에서 보내온 작품을 꼼꼼히 읽어 보았다.

〈2〉

안 시인의 시를 읽으면서 필자는 그의 연세대 대 선배인 윤동주(1917-1945)와 같은 시작 태도를 가졌다는 생각이 들었다. 윤동주는 그의 육필 원고에 의하면 시를 쓰고 그 날짜를

밝히고 있다. 따라서 그의 시는 그 쓴 날짜에 윤동주의 생애에 어떠한 일이 있었으며, 그에 따른 의도비평적인 접근이 해석의 지름길이라고 알려져 있다. 말하자면, 윤동주의 시는 그의 삶의 고백으로서의 시라고 할 수 있다. 안 시인의 시는 윤동주처럼 창작 날짜뿐만 아니라, 그의 시작 의도를 짐작 할 수 있는 시작 경위까지 간단히 밝히고 있다. 이상과 같은 점에서 안 시인의 시 역시 의도비평적 접근으로 시를 해석하는 것이 가장 정확하게 해석 할 수 있는 지름길이다.

제 1부 「내 아내」 10편은 그야말로 아내에 대한 지고지순한 사랑을 표현한 시이다. 그것도 결혼기념일이나 아내의 생일에 지은 시가 대부분이다. 제 2부 「믿음의 아이들」은 안 시인의 아들, 딸, 사위, 며느리 그리고 손자와 손녀들의 사랑을 형상화한 시들이다. 제 3부 「아름다운 사람들」에서는 친척이나 친지가 시적 제재로 등장하고 있다. 제 4부 「베트남의 시간」은 그가 현재 머물고 있는 공간인 베트남 체험이 형상화된 부분이다. 그리고 마지막 제 5부 「가나다라 마바사」는 안 시인의 첫 시집에서도 시도되고 있는 두운(頭韻)이 철저하게 지켜진 시편들이다.

우선, 시집 제 1부 「내 아내」에 수록된 시편들에 대하여 살펴보도록 한다.

(ㄱ) 아스라한 저 끝
꽃 벌판 한 벌판 코스모스 한 들판
해맑은 웃음
단발머리 소녀

파르르 떨리며 미소 짓는 화사한 코스모스 한 송이
밝음, 기쁨, 큰 떨림 주는
수줍은 귀요미
그게 어제 그젠데

손가락 끝
눈 자락 끝
마음 자락 저 끝
와도 가도
누워도 앉아도
온통
보라, 분홍, 하양, 빨강
높음, 넓음, 깊음, 푸름, 귀여움

오늘도 난
코스모스 앞에 선
할 말 잃어버린 눈 시린 소년.

—2004년 9월 30일 당신 생일에

— 「눈 시린 소년」 전문

(ㄴ) 눈 깜짝 사이 삼십 년하고도 일곱 해
정말 여러 날들 훌쩍 지나갔습니다.

오늘은 유월 열사흘 그분 은총 철철 넘치던 날
그 날이 다시 돌아왔습니다.

어제 오후 늦게 늘 그랬던 것처럼
화사한 꽃 하나 당신에게 주고 싶어
아침하고 저녁 두 번은 아무렇지도 않게 지나치던 꽃집
안으로 가서

가슴 활짝 펴고 둘러보았습니다.

이상도 하지요 근데
꽃집 가득
수줍음 꽃, 웃음 꽃, 아기자기 이야기 꽃
함초롬히 물먹은 하소연 꽃, 희망 꽃
허영 가득 무지개 꽃, 사치 꽃
보남파초노주빨 꽃들의 합창은 한창인데
아무리 기다려도 가게주인은 안 오시네요.

결국 말도 안 되는 황당한 이유로
당신을 위한 꽃다발은 처음 준비되지 못했지요.

어쩔거나 속절없이 가슴앓이 조바심하다
포장도 못한 나를 당신에게 드립니다.

고마워요. 여보!
오늘은 나밖엔 줄 게 없네요.

– 2007년 6월 13일 37주년 결혼기념일에 놀워크 DIA
사무실에서

–「나를 드려요」 전문

(ㄱ)「눈시린 소년」은 그의 나이 64세, 결혼한지 34년 되는 아내의 생일날에 쓴 시이다. 여기서 물론 '코스모스'는 그의 아내를 비유하는 객관적 상관물이다. 실제로 그의 아내는 코스모스를 닮은 여인이기도 하다. 64세의 시인은 그들이 처음 만난 소녀, 소녀 시절 그 때의 모습을 아직도 아내는 간직하고 있으며, 그는 아내 앞에만 서면 할 말을 읽

어버린 소년이 된다고 술회하고 있다. 그 동안 두 사람이 살아온 어려움, 특히 미국 DIA대학교를 운영하는 어려움 등은 철저히 배제된 소년 소녀 시절의 감수성을 '코스모스'라는 사물을 통하여 형상화 하고 있다. 둘째 연의 끝부분에 열거된 색깔과 정서등에서 이 시를 읽는 그의 아내는 얼마나 큰 위안과 기쁨을 느꼈을까 하는 상상을 하면 필자 역시 즐겁고 부럽다.

(ㄴ) 「나를 드려요」의 경우는 미국 LA 근교 Norwalk에서 유영한 DIA대학교에서 안 시인 부부가 몸소 겪은 어려움 등을 생각하면서 읽으면 더욱 미소와 위안의 정서를 느낄 수 있는 시이다. 앞의 시와는 달리 비유나 객관적 상관물은 등장하지 않으나 결혼 기념일을 맞아 꽃집을 두 번이나 들렀으나, 주인이 부재중이라 꽃대신 시인 자기 자신밖에 줄 것이 없다고 직접적으로 술회하고 있다. 그러나 '꽃집 주인 부재' 라는 사건을 삽입함으로써 두 사람 사이의 사랑을 독자들은 미소를 머금은 채 확인 할 수 있다. 이렇게 서로 사랑하는 부부사이에 형성된 가정과 그 자녀들의 삶은 정말 행복했을 것 이라는 생각이 든다.

제 2부 「믿음의 아이들」은 사랑이 넘치는 안 시인 부부사이에 태어난 딸과 아들 그리고 그들이 가정을 가짐으로써 한 가족이 된 사위와 며느리 그리고 손자 손녀들에 대한 안 시인의 사랑과 신뢰가 담긴 시편들로 엮어져 있다.

(ㄱ) 널 생각 한다
시은일 그려보고

널 끔찍이 사랑하는 시은아빠 생각도 해 본다
엄마, 아빠, 이모, 이모부
오빠, 올케, 시댁 식구들
친구들, 아이들, 일터 사람들
정겨운 사람들, 고마운 사람들
정말 꼭 만나면 싶은 그런 사람들

짧지 않은 세월 속 오늘까지
아무리 따져 봐도 넌
꽃무리에 둘린 그분의 안개꽃
그리고 가끔은
큰 상수리나무 너른 그늘로
그렇게 서 있구나!

화사하게 장식된 동그란 큰 케이크 위쪽
가지런히 꽂힌 촛불
둥그렇게 둘러 선 축복 손 꼭 잡고
나도 너를 축복한다.

–2005년 8월 13일 미국에서 아빠가

–「상수리나무 너른 그늘」 전문

(ㄴ) 믿음의 아들
그 아들의 아들 태은!
넌 내 눈 속에서 참 오랫동안 살고 있구나!

넌 알고 있니?
네 아빤 이삭
네 엄만 리브가
그 사이 복 덩어리 송은이
온 누리 가득 해바라기 벌판인데

이제 듬직한 모습
믿음의 아들의 아들로
네가 왔구나.

태산 같은 은혜
그래서 네 이름 태은
넌 또 다른 믿음의 아들 디모데
푸른 풀밭 적셔주는 잔잔한 시냇물

흘러넘치는 큰 은혜 태은아!
지혜와 키 자라며 그분에게
마음을 시원케 하는 기쁨이 되어라.

−2011년 5월 7일 호치민에서 할아버지가 씀

−「믿음의 아들의 아들」 전문

(ㄱ) 「상수리나무 너른 그늘」은 시집보낸 딸 안서영의 생일에 쓴 시이다. 미국에 있으면서 한국에 있는 딸의 생일을 축하한 시이다. 그러나 단순한 딸에 대한 그리움만 형상화하지 않았다는 데서 안 시인의 가정과 가족 중심 행복관을 엿볼 수 있는 작품이다.

첫째 연에서 딸과 외손녀 그리고 사위에 대한 사랑에서 시댁 가족 뿐만 아니라 친구들, 일터 사람들 즉 정겹고 고마운 사람들에게까지 그 그리움이 확대되고 있다. 이러한 사유의 체계는 안 시인의 인생관과 신앙적인 자세에서 나온 것이라고 볼 수 있다. 둘째 연에서는 딸을 행복한 가족과 친척 친지들에 둘러쌓인 그분의 안개꽃이라고 비유하고 있다. 여기서 그 분은 하나님을 암시적으로 지칭한 것이라고 볼 수 있다. 그리고 '큰 상수리 나무 너른 그늘' 로 비유하는 데서는 가족과 친척 친지와 직장 동료들에게 까지 행복을 선물하는 딸의 성품을 형상화한 것이라고 볼 수 있다. 이렇게 딸을 둘러싼 사람들 사이에서 행복해하는 딸의 모습을 비유적으로 표현한 부분이 둘째 연이다. 마지막 셋째 연에서 비로소 딸의 생일에 대한 축복의 감정을 직접적으로 노출하고 있다.

(ㄴ) 「믿음의 아들의 아들」 은 안 시인의 아들 안창훈 목사의 아들, 즉 친손자에 대한 애정을 자비량 선교지 베트남에서 쓴 작품이다. 안창훈 목사는 부산대 물리학과를 나와 장신대 신학대학원에서 신학을 전공하여 목사가 되었으며, 지금은 미국 LA에서 교민교회 부목사로 있으면서 신학박사과정을 공부하고 있다. 하나뿐인 아들을 목회자로 주님께 받친 안 시인을 역시 존경하지 않을 수 없다. 그러한 아들의 아들인 '태은' 이라는 손자에 대한 그리움을 형상화한 작품이 바로 이 작품이다. 여기서도 손자 '태은' 이만 그리워하는 것이 아니라 둘째 연에서 가족 관계를 중시하고 있다. 아들 내외를 이삭과 리브가로 비유하면서 손녀 송은이도 등장시키고 태은이의 이름의 의미를 태산같은 은혜에서 왔다고 하여 디모데에 비유한다. 이렇게 이 작품에서는 성경에 등장하는 믿음의 조상들을 직접 지칭함으로써 은혜가 넘치는 가정임을 암시하고 그 분 즉 하나님께 손자가 큰 기쁨이 되라고 기원하고 있다.

이상과 같은 가족에 대한 시편에서는 그의 개인 한 사람에 대한 사랑을 중요시하는 것보다 가족, 친척, 친지 등과 더불어 행복을 기원하는 점에서 그의 가족에 대한 사랑, 그리고 가정에 대한 행복론이 펼쳐지고 있다.

제 3부 「아름다운 사람들」은 아름다운 분을 만나는 것은 주님의 은혜라고 생각하면서 그들을 만나게 해주신 주님께 감사드리는 마음으로 쓴 작품들이다.

(ㄱ) 나 몰라라 부산한
월셔 거리 빌딩 숲
서류더미 가득한 거기 그 자리
보라색 화려함 살긋 가리고
어쩔거나 남의 아픔
안타까움 애씀
그 모습 그대로
진한 보라 빛

보남파초노주빨
빨주노초파남보

해맑음 순수로
그 분 큰 꿈 그리는
보라색 살짝 비낀
짙은 남빛
남빛 그대로 선한 사마리탄

– 2005년 5월 남 돕느라고 애쓰시는 남 변호사님, 늘 주님 안에서 행복하시기를 기원하며

–「선한 사마리탄」 전문

(ㄴ) 돌이 아니고 바위였지요. 늘
싱긋이 웃으시며
어눌하게
한 두 말씀 하시고는
힘주어 손 꼭 잡아 주시던 분

아직도 그 손길 따스함
나 만리타향 미국에 있어도
그냥 남아 있는데

주님 사랑, 충성
한 번 결심 이 후로는
오로지 한 길
아내와 가족들 자랑
우리 교회 기쁨이었는데

이토록 빨리 천국에서
반석 집사님 필요한 걸
우린 미처 몰랐군요.

큰 바위로 남을 거예요 늘
우리에겐

– 2005년 5월 19일 아침 강 돌이 집사님의 소천 소식을
미국에서 듣고

–「강 돌이 집사님을 추모하며」 전문

(ㄱ) 「선한 사마리탄」 은 LA교민으로 한인타운 윌셔거리에서 헌신적인 한인 변호사로 소문난 '남변호사' 를 시적 주인공으로 등장시킨 작품이다. 안 시인은 남 변호사를 선

한 사마리아 인으로 비유하고 있다. 첫째 연은 월셔 거리 사무실에서 남을 위해 애쓰는 남변호사의 모습을 진한 보랏빛으로 감각화한 부분이다. 그리고 둘째 연은 남색과 보라색이 일곱 무지개 색깔 가운데 서로 이웃인 점을 착안하여 우리가 잘 알고 있는 무지개색을 열거하고 있다. 남(南)이라는 성과 연결시켜 무재개 빛깔까지 상상력을 발휘한 이 부분은 안 시인의 언어학적 재치가 두드러진 부분이라고 볼 수 있다. 셋째 연 역시 남 변호사의 헌신하는 모습을 보라색을 살짝 비낀 짙은 남색이라고 감각화 하고 있다. 만약에 남 변호사의 헌신적인 삶의 방식을 아는 독자들은 이 시를 읽으면 은근히 공감하면서 미소를 머금을 수 있을 것 같다.

이 시는 안 시인의 인물 칭송이 직접적이 아니라 색채 이미지를 등장시켜 독자나 지인들에게 감동을 주는 방법을 모색하고 있다는 점에서 그의 시적 역량이 10년 동안 크게 증대되었다는 점을 단적으로 보여주는 작품이다.

(ㄴ) 「강 돌이 집사님을 추모하며」는 필자도 알고 있는 인물인 강돌이 집사의 갑작스러운 서거 소식을 듣고 미국에서 쓴 시이다. 강돌이 집사는 롯데제과 양산공장의 임원을 역임했으며 필자와는 남선교회 연합회 활동으로 친분이 있었던 분이다. 동래 중앙교회 안수집사로 공중기도 중 갑자기 쓰러지셔서 소천하였다. 그의 이름은 우리 세대와는 어울리지 않고 오히려 우리 아버지와 할아버지 세대에 어울리는 것이었다. 필자가 강돌이 집사와의 사귐에서 받은 느낌은 그의 이름처럼 대화나 매너가 세련되지는 않았으나, 진실성이 담기고 과묵하면서도 인간미가 풍기는 인품을 가지

고 있었다. 뿐만 아니라 모든 일에 긍정적이고 협력을 잘하는 분이었다. 그리고 단순하고 순정한 신앙을 가진 분으로 느껴졌다. 어쩌면 강돌이 집사의 돌연한 죽음은 그야말로 천국에서 하나님이 불러가신 것이라는 느낌을 필자 역시 그 소식을 들었을 때 받았다. 이러한 느낌을 안 시인 역시 미국에서 받은 것 같다. 그리고 '돌이'라는 이름에 착안하여 믿음을 '돌'이 아니라 '반석'이라고 의미를 붙인 것은 앞의 시에도 등장한 언어학적 재치라고 볼 수 있다. 반석을 '큰 바위'로 전환하여 우리에게 크게 남을 것이라는 마무리 역시 그의 역량이 크게 돋보이는 부분이다.

〈3〉

제 1부에서 3부까지는 안 시인을 둘러싸고 있는 아내, 자녀 그리고 친척 친지 등을 제재로 등장한 작품들임에 비하여 제 4부 「베트남의 시간」은 그가 미국 LA를 떠나 베트남에 가게 된 이후 그곳에서의 체험과 의미 있는 날과 중요한 일들이 있을 때마다 창작한 시편들이다. 따라서, 이 시집에서 가장 주목해야 할 부분이다. 잘 알다시피, 베트남과 우리나라는 비록 미국과의 관계 때문이었지만 주월한국군으로 참전하여 싸운 전쟁터로, 지금의 베트남 정권은 우리 한국군과 적대적 관계였던 공산당이 승리하여 세워진 정권이다. 이러한 우리나라와는 역사의 아이러니를 가진 나라요, 주월 한국군이 남긴 라이다이안들이 우리에게도 베트남에게도 상처로 남아있는 곳에 안 시인은 사도 바울과 같은 자

세로 봉사하여야 겠다는 큰 결심을 하고 현재까지 호치민 시에 정착하여 머물고 있다. 그는 호치민 국립대학교 한국학 교수로 있으면서 베트남 청년들과 라이다이안의 후예를 위한 기술전문대학을 세우기 위하여 열심히 노력하고 있다. 필자가 '호치민시에 머물고 있다' 라고 표현한 까닭은 그가 언제 다시 순례자의 길을 나서 다른 곳으로 옮겨가는 삶을 살지 모르기 때문이다. 그는 이 시집의 제목처럼 이 세상에서의 삶을 '광야 나그네길' 이라고 여기면서 주님의 인도하심을 따라 순례하고 있다. 그리고 그 순례자의 길이 사도 바울처럼 고난의 연속이지만 그러한 현실 속에서 안 시인은 행복을 찾는다고 볼 수 있다.

(ㄱ) 갑자기
절벽 무너지는 소리
칼과 창 부딪치는 날카로운 파열음이 들린다.
그 소리는 온 방 가득
울리다가 흔들다가 아우성치다가
내 고막 찢고 나서
나를 찢는다.

베트남의 첫 새벽은
이렇게 시작되고
나는 베트남에 있음을 실감한다.

어디서나
헬멧 쓰고 마스크하고
좁은 길 가득 내달리다가 틈만 있으면
돌기, 앞지르기, 비집고 들어가기,
내 길 먼저 챙기고 달아 빼기

경적 요란한 길
베트남의 오늘

두 눈 크게 뜨고 기도하며 건너가며
부지런히
"아가서" 를 읽는다.

– 2008년 8월 22일 베트남에서 첫날 새벽에

–「"아가서" 를 읽으며」 전문

(ㄴ) 한 걸음 두 걸음 한껏 늘어지게 걸어 보아도
스물 거리는 찐득함
짜증스런 무더위
주름살 패인 곳마다 사정없이 파고든다.

베트남의 운명
베트남의 오후

긴 창 모자 눌러 쓰고
실눈 가늘게 떠 모르는 체 하려해도
어쩔 수 없는 열기 온통 나를 비웃는다.

숨은 가빠지고 목은 타는데
참 쉼 오아시스는 어디에 있기는 있는 것인가?

큰 나무 작은 나무 신기루 그림자
헐떡거리며 찾아보다가
긴 창 모자 팽개치고 실눈 아예 질끈 감고
아브라함처럼, 이삭처럼, 야곱처럼, 모세처럼
그렇게 속절없이 하늘을 본다.

바로 그 때 저 만치
엘리야의 검은 구름 한 개 아마 보았지 싶은데
갑자기 우레 소리 번개 불 내 고막 찢고, 찢어 버리고, 찢다가
스콜이
내 얼굴, 내 가슴, 내 뼈 속까지 때리고 난도질 한다.

알았어요! 알았다니까요!
나는 오늘도 스콜 때문에 행복하다.

– 2009년 6월 우기에 접어든 호치민에서

– 「스콜」 전문

(ㄷ) 잔가지들 살살 치다가 갑자기
큰 가지들 마구 자르더니
내 안타까움 제쳐두고
설마 거기까지는 아닐 거야 하는 내 소망 속절없이
그야말로 두 밑동만 남겨놓고
마지막 자존심도 잘라 버렸다.

남은 건 벌거숭이
나뭇잎 한, 두 개 걸린 잔가지도 없는
엽기적인 맨 밑동 두 개
이젠 나무라고 불리기엔 처참한 부끄러움
달랑 그것만 남았다.

두 팔 벌려 감추고 싶은 나무 밑동 바라보며
안타까워 하다가 분노하다가 서럽게 울다가 문득
난 내 몸통 온통 잔가지
목이 곧은 머리통 무성한 잔가지들로 하여

움직일 수도, 서 있기도 어려운, 엉망진창인 나
나를 보게 되었다.

고마워라! 베트남의 가지치기

무섭도록 잘라버려야 가로수가 되는 걸
밑동만 남는 가지치기로 하여 진정한 가로수가 된다는 걸

나이 칠십이 되고서야 겨우
나무 자르기를 시작한다.

– 2010년 12월 71세 생일을 바라보며

–「나무자르기」 후반부

앞의 세 작품은 그가 베트남에 도착하면서부터 2년여 동안 베트남에서의 어려운 삶을 어떻게 극복해가는가 하는 측면을 엿볼 수 있는 작품이다. (ㄱ) 「"아가서"를 읽으며」는 베트남 도착 첫날 새벽에 받은 충격과 무질서를 어떻게 수용할 것인가하는 각오를 짐작할 수 있는 작품이다. 첫째 연은 그가 지금까지 살아온 미국과는 달리 새벽부터 소란하고 큰 파열음이 들리는 상황을 서술한 장면이다. 이러한 파열음은 그의 고막을 찢고 그 자신을 찢을 정도로 그에게는 충격이었다. 그러나, 그러한 첫 새벽임에도 불구하고 둘째 연처럼 그는 베트남의 이질성을 인식하고 수용하기 시작한다. 그러나 셋째 연처럼 새벽만 충격이 아니라, 낮에도 헬맷 쓰고 마스크하고 달리는 오토바이의 무질서에는 다시 한번 놀란다. 물론 그는 직접 놀란다고 진술하지는 않는다. 그러

나 열거한 무질서 '돌기' '앞지르기' '비집고 들어가기' 등은 그로서는 놀라지 않을 수 없는 사건들이다. 마지막 연 '두 눈 크게 뜨고 기도하며 건너가며 / 부지런히 / "아가서"를 읽는다'는 부분에서 신구약 성경가운데 지고지순한 사랑의 노래들이라는 '아가서'를 읽으면서 문화적 충격을 받아들이기로 한다. 말하자면, 하나님의 히브리 백성을 향한 지고한 사랑과 그리스도의 사랑의 정신만이 이러한 충격을 극복할 길이라는 것을 일찍 깨달은 것이다.

(ㄴ) 「스콜」은 베트남의 시간 즉 그 자신이 제 4부에 에피그람으로 서술한 '비 오는 여름과 비 안오는 여름' 뿐인 기후에서 받은 충격을 형상화한 것이다. 그는 짜증스런 무더위 속에서 넷째 연처럼 오아시스가 있는 것까지 회의하기도 한다. 그리고 다섯째 연처럼 아브라함, 이삭, 야곱, 모세처럼 하늘을 바라보기도 한다. 그러다가 엘리야가 기도하자 보이는 구름 한 조각과 더불어 내리는 스콜에 행복하다고 마지막 연에서 마무리한다. 마무리 하면서도 그는 '알았어요! 알았다니까요!' 라고 휠난하는 어조를 한 행 배치하여 그의 속내를 표현하기도 한다.

(ㄷ) 「나무자르기」는 그가 베트남 체류 2년 4개월 지난 71세 생일 직전에 쓴 시이다. 그는 2년 4개월을 지나면서, 베트남의 문화적 충격과 현실 속에서 자기 자신을 되돌아볼 여유를 가진다. 베트남의 가로수 가지치기 작업을 바라보는 그는 인용되지 않은 「나무자르기」 전반부에서 처음에는 놀라기만 한다. 열대지방이기 때문에 1년 동안 많이 자라는 가로수를 해마다 밑동만 남겨두는 점을 인식하지 못

하고, 환경파괴 자체라는 충격으로 받아들인다. 그러나 인용한 후반부에는 베트남의 가로수 가지치기 즉, 밑동만 남긴 '나무자르기'에서 엉망진창인 자신을 되돌아보게 된다. 인용한 부분의 셋째 연처럼 그래서 그는 앞으로의 베트남에서의 삶은 '나무자르기'와 같은 삶이 될 것이고 그러한 진리를 깨닫게 한 가로수 자르기에 감사하게 된다. 물론, 안 시인의 미국에서의 삶이 보통사람들과는 전혀 다른 삶이었음을, 안 시인을 아는 사람들은 다 알고 있다. 그러나, 그러한 삶보다 더 남을 위한 삶이 베트남에서는 필요했을 것이다. 이렇게 새로운 각오를 베트남의 문화, 기후에서 발견하였다는 점이 어쩌면 그에게 내린 하나님의 은총이라는 생각이 든다. 평신도라고 해서 아무나 할 수 없는 순례자의 길을 베트남의 환경을 통하여 발견하게 하신 이도 하나님 그 분이라는 생각을 들게 하는 작품들이 바로 앞에 인용한 세 편의 작품이다.

다음의 작품들은 이렇게 문화적 충격과 기후와 풍토의 어려움을 극복한 그가 어떠한 활동을 함으로써 하나님을 더욱 감동적으로 만나게 되는가를 짐작할 수 있는 작품들이다. 물론 이 작품들 말고도 많은 작품들이 있지만 대표적인 네 편을 인용하여 보기로 한다.

(ㄱ) 얼마 전
이름도 모르는 시골길 오토바이 뒷좌석
패어진 길 먼지 길 지상 20센티 고도에서
비포장 길 불규칙한 충격 척추로 받고

흙먼지, 하루살이, 센 바람 사정없이 후려쳐
날파리 충격으로 쓰라린 눈알 이러지도 저러지도 못한 채
속절없이 밀려드는
외로움, 피곤함, 아픔, 왕짜증으로
다 그만두었음 싶을 때

갑자기 난
바로 내 등 뒤 내 허리 꼭 안으신 그분 숨결 느꼈다.

고마워라!
가나로 올라가는 산길 땀 흘리시며 걸으셨던 분
머리칼 흩날리며 갈릴리 바닷길, 사마리아 황야, 유댓길 광야,
두로에서 시돈까지 다니셨던 분
비틀거리다 쓰러지다 또 일어나 골고다 험한 길 오르셨던 그분
손길
숨결

흙먼지 흩날리는 시골길 지상 20센티 고도
불안한 눈망울 실눈 아래 감추고
오토바이 뒷좌석 엉거주춤 구부려 앉은 내 등 꽉 잡고
달리고 있다.
그분은 오늘도!

– 2011년 3월 꿔년에서 라이다이한 가정 방문을 마치고

– 「얼마전 있었던 일」 후반부

(ㄴ) 그 분은 아무 말씀 없이
두 마리 물고기, 떡 다섯 개 받으시고는
하늘을 우러러 축사하셨고

떡을 떼어 주시며
물고기도 나누어 주라고 명하셨다.

그래서
집짓기는 기약도 없이 시작되었고
흐릿한 눈, 이순이 넘은 나이에 나는 확실히 본다.

베트남의 젊은이들
계수되지도 않은 더 많은 베트남의 여인들과 아이들
광야 거친 풀밭 떼 지어 앉아 배불리 먹고
만삭되어 태어나지 못한 나에게도
눈물 기도 참여한 당신에게도
남은 떡 구운 물고기로 흘러넘치는 큰 바구니를!

– 2012년 4월 VICORUS 기술전문대학 후원금 모금을 시작하며

– 「오병이어」 끝부분

(ㄷ) 일꾼들 휘파람 불며 파이프 뽑아낸다.
이제 곧 새참시간, 그 후 모두는 돌아갈 시간이다.
첫 번 째
두 번 째
세 번 째
네 번 째
다섯 번 째
그리고 여섯 번 째
마지막 파이프 3미터는 순수한 모래, 금모래, 감추인 보물!
소중히 뽑아 샘플 팩에 담는다.

깊이 27미터 갯벌 아래 거기

앞뒤로 강물이 흐르든지 말든지
늪지대든지 툰드라든지
한 우물 깊이 파면
암반처럼 큰 건물 받쳐줄 금모래가 있다는 걸
난 다시금 확신하게 되었다.

그래 나올 때까지 파기만 하면 되는 것이다.
거기 깊은 곳까지 파일기둥 잘 박고
그 위에 집을 지으면 되는 것이다.

– 2013년 3월 11일 학교터 지질검사 현장에서

– 「땅파기」 끝부분

(ㄹ) 넌 평면이라 높이는 없다만
난 베트남 스타일
높이 솟은 배움 집 본다.

전면 현대식 유리 우아하게 장식된
그라운드 층 썩 들어서면
왼쪽엔 멋진 리셉션 데스크
아오자이 꽃가이 배꼽인사로 날 맞이하고
정면 카페테리아는 진한 커피 냄새로 가득하다.
오른 쪽엔 계단과 엘리베이터
하지만 난 중층 내 방으로
걸어서 올라갈 거라고 미리 다짐해 둔다.

1층부터 4층까진 교실이니까
가르치러 교실에 가려면 한 두어 층 걸어 올라가면 될 거고
혹 옥상에서 약속의 땅 멀리 바라볼 일 있으면 폼 잡고 엘리베
이터를 탈 작정이다.

거기엔 멋진 공중 정원
마지막 층 엘리베이터 문 열리면
화사한 화초 사이 벤치에선
하얀 이 보이며 내일 이야기
기타반주로 사랑을 노래하는 에덴이 거기 있을 것이다.

– 2013년 3월 19일 마지막 조감도에 서명하며

–「집 미리 보기」 전문

(ㄱ) 「얼마전 있었던 일」은 안 시인이 하고 있는 사역의 하나인 '라이다이한 가정 방문'에서 예수님을 만나게 된 일종의 간증시이다. 인용하지 않은 앞 부분 두 연에서는 지금까지 그의 순례자의 길에서 끝내 '그분'을 만나지 못했다는 점을 간단히 진술하고 있다. 그런 후 인용한 부분에서는 그는 극적으로 예수님을 만나게 되었다는 점을 드라마틱하게 형상화 시키고 있다. 인용한 첫째 연 (전 작품의 셋째 연에 해당됨)에서 그는 방문하는 라이다이한 가정까지의 열악한 도로 사정에서 외롭고 피곤하고 척추가 아프기도 하여 짜증으로 그만두고 싶을 때 그는 둘째 연에서 마치 사도 바울처럼 예수님을 만나게 되었다고 진술하고 있다. 그러면서 그 감격을 셋째 연과 네째 연에서 사복음서의 예수님의 전도 행적을 요약적으로 제시하면서 예수님의 손길과 숨결을 느낀다고, 감정이 절제된 어조로 형상화 하고 있다. 이렇게 그의 삶은 베트남전에서 주월 한국군이 남긴 상처를 치유하는 데에 상당한 부분을 행동적으로 보여주고 있다.

(ㄴ) 「오병이어」는 신약 성경 마가복음 6장 35~44절 까지를 인용한 후 오병이어의 기적을 패러디한 시로 상당히 긴 시이다. 이 시는 말미에 쓴 것처럼 기술전문대학 후원금 모금을 시작하면서 느낀 소회를 형상화한 작품이다. 인용하지 않은 일곱 연이나 되는 부분에서 안 시인은 모금운동을 시작하기를 두려워한다. 베트남에서의 3년 7개월 동안 그의 학문적 능력을 가지고 하는 일은 하여도 모금 운동은 감당하지 못하겠다고 회피하기도 한다. 그러나 그는 끝내 인용한 부분처럼 오병이어의 기적을 믿으며 예수님의 명령으로 2012년 4월 모금을 하게 된다.

그로부터 11개월이 지난 2013년 3월 (ㄷ) 「땅파기」에서처럼 학교 부지 지질검사를 하게 된다. 메콩강의 델타가 대부분인 베트남 땅에서 땅파기는 오히려 다른 지역에 비하여 쉬운 편이다. 그러나 보통 30미터 이상 파야 모래층이 나타난다고 한다. 따라서 깊이 파게 되면 그 경비가 많이 든다고 한다. 이러한 점을 인용하지 않는 부분에서 걱정하고 있다. 그런데 인용한 바로 앞 연에서처럼 이 공사에서는 파이프로 확인한 결과 27미터 층에서 모래층이 나타난 것이다. 인용한 부분에서는 이제 땅파기 공사 그것도 예상보다 3미터 적은 공사만 하게 되면 '암반' 처럼 큰 건물 받쳐줄 금모래가 있다는 것을 확신한다. 이렇게 그는 하나님의 인도 하심과 은혜에 감사하며 땅파기 공사를 시작한다.

(ㄹ) 「집 미리보기」는 (ㄷ)을 쓴 지 8일 후 마지막 조감도에 서명을 하고 난 뒤에 쓴 시이다. 그라운드 층이 있고 다시 그 위에 1층부터 4층 까지의 교실인 학교 건물이 설계

된 것이다. 학교가 완공되면 안 시인의 꿈이 이루어질 것이다. 그리고 옥상정원은 화사한 화초가 있고 그 사이사이에 놓인 벤치와 그리고 기타 반주로 사랑을 노래하게 된다. 이것이 바로 안 시인이 소망하는 기술전문대학의 완공 후의 모습이다. 이 글을 쓰는 필자는 안 시인은 많은 난관이 있어도 이 학교는 완공시킬 것이라고 믿는다. 왜냐하면 , 마치 큰 파도를 만나서 크게 흔들리는 배의 키를 잡은 것 같은 그의 뒤에는 언제나 바다를 잠잠하게 하신 예수님이 계시기 때문이다.

〈4〉

제 5부 「가나다라마바사」는 제 1 시집 「살면서 살아가면서 살아가다가」에서도 시도한 한글의 우수성을 증명하기 위한 두운(頭韻)시이다. 제 1시집보다 훨씬 두운을 극대화시켜 '가' 부터 '바' 까지 7 편의 제목도 그렇고 전 작품의 두운도 꼭 같다. 이렇게 두운의 시를 쓰는 것은 그가 연세대학교 국문과 학부와 석사과정에서 우리 한글의 우수성을 학문적으로 익히고 난 연후에 미국에 유학하여 펜실베니아 주립대에서 언어학박사 학위를 받은 그의 학문적 배경과도 관계가 있다. 그런데 제목이 모두 성경을 배경으로 하고 있고, 내용 역시 그런 점에서 리듬과 그의 신앙고백이 융합된 시라고 볼 수 있다. 그 가운데 첫 번째 작품인 「가데스바네아」를 인용해 보기로 한다.

가인으로 비롯한 도시문명은 끝내
가나안의 저주를 부르고, 그 후
가드지방 골리앗의 교만
가룟 유다의 배반
가야바 제사장 앞장 선 고발로 빌라도에 의해
가난한 마음
가없는 사랑 나무 십자가 지셨는데

가나 산동네 잔칫집 어머니 간청으로 물로 포도주 만드신 분
가버나움 회당 장 어린 딸 안타까워 살리신 분
가나안 수로 보니게 여인 일부러 찾아 두로 먼 이방 땅까지
가신 분
"가시 채 뒷발질하기가 네게 고생이니라." 참고 기다리다 못해
사울을 지명하여 부르신 그 분
가라지 검불 티끌 나의 회개도 끝내 기다리신 분은 도대체
어디에 있는가?

가뭄 중 빗소리 기다림 목동 되어
가시나무 떨기 활활 타오르는 놀라움 찾으러 오늘도
가데스바네아 홀로 헤맨다.

– 2012년 7월 판티엣 해변가 사막에서

–「가데스바네아」 전문

'가데스바네아' 라는 지명은 구약성경에 나오는 사막의 오아시스로 이스라엘 백성들의 출애굽 후 시내산에서 1년간 머물면서 율법교육을 모두 마친 후 시내산을 출발하여 크고 두려운 광야를 지나 11일 만에 도착하여 가장 오래 머

문 곳이다. (신명기 1장 2절, 19~20) 이곳에서 가나안으로 각 지파 12명을 세워 정탐꾼으로 보냈는데(민 13:1~20) 40일간 정탐하여 돌아온 사람들 중에 여호수아와 갈렙을 제외한 정탐꾼들이 아낙 자손들에 질려 하나님의 말씀과 능력과 인도하심과 보호하심도 잊어버리고 원망하며 다시 애굽으로 돌아가자고 했던 곳이다. 그래서 하나님의 진노로 40년간 광야 유랑 생활을 시작하게 된 곳이기도 하다. 말하자면, 40년을 통해서 불신과 원망과 악을 모두 버리게 하고 오직 하나님만을 순종하도록 훈련시킨 계기를 마련한 곳이다.

그는 앞의 제4부 「베트남의 시간」에 에피그램에서 가데스바네아 광야를 하늘만 바라며 나그네 길로 걸어갈 작정이라고 밝히고 있다. 사실 이 시는 '가데스바네아' 라는 지명과 직접적인 관련은 없다. 다만, '예수님' 의 존재하는 구체적 공간을 아직도 찾아 헤맨다는 점에서만 제목을 유추해 볼 수 있다. 그러나 제 4부에 수록된 다음의 시에서는 그의 '가데스바네아' 에 대한 동경이 직접적으로 노출되어 있다.

> 가데스바네아에서 가데스바네아로
> 나는 나그네로 살고 싶다네.
>
> 다른 사람들이야 광야가 싫어
> 라암셋 큰 성 130 데시벨 부끄러움 잊게 하는 황홀한 가락에
> 홀려 S라인 몸 비틀며
> '일체유심조' , 가상공간 내달리며 고기, 떡 구어 먹으며
> 바쁘게들 잘난 체 살고 있네만

사실 난 하늘만 바라야하는 가데스바네아 광야가 좋다네.
아는 사람은 다 아는 일인데 나도 한 때는
자아실현 이루려 포장도로 내달리며
차가운 밤, 열사의 태양, 죽도록 목마른 황무지가 싫어
적자생존 카멜레온, 용불용설 진화 추구하며
남 탓으로 우기며 살아 왔다만 이젠

파란 하늘 하나 시야에 꽂히는 광야에서
기도 손, 주 바라기, 나그네로
그렇게
쭉 그렇게
살고 싶다네.

– 2012년 새해 첫 아침에

–「가데스바네아에서 살고 싶다네」 전문

제 4부에 수록된 그의 시 「베트남의 시간」에서처럼 일년 내내 여름이고 다람쥐 쳇바퀴 돌리는 베트남의 시간에서 안 시인은 기도 손, 주 바라기 나그네로 '가데스바네아'의 광야를 헤매듯이 살고 있다. 앞으로 어떤 시련이 닥쳐와도 그의 삶의 태도는 바뀌지 않을 것이다. 안 시인의 이러한 삶의 태도에 존경을 다시 한번 표하면서 기술전문대학이 하루 빨리 개교되기를 하나님께 기도 하는 바이다. 안 시인은 그의 선배 윤동주 시인이 걸어간 삶의 길처럼 '하늘 우러러 한점 부끄러움 없는' 삶을 살기 위하여 가데스바네아 광야같은 베트남을 택하였는지도 모른다. 그리고 기술전문대학이 개교하여 본 궤도에 오르면 앞에서 인용한 「집 미

리보기」에서 와는 달리 또 다른 가데스바네아 광야로 떠날지도 모른다. 어쩌면 수년내로 통일이 된다면 또 다른 가데스바네아 광야는 그가 유년시절에 두고온 고향 원산이 될 것도 같은 예감이 든다.

□ 작가소개

안 정 헌

• 하력

1963 – 1967 연세대학교 국어국문학과
1968 – 1971 연세대학교 대학원 국어국문학과
1977 – 1981 PENN STATE UNIVERSITY 언어학박사

• 주요경력

1974 – 1976 주한미국평화봉사단 교육원장
1981 – 2005 부산대 인문대 영어영문학과 교수
1985 – 1987 인도 Nehru대학교 파견교수
2003. 12 창조문학 신인상으로 등단
2003 – 2008 미국 DIA University 총장
2009. 9 – 현재 베트남 호치민대학교 한국학과 교수

• 저서 및 논문

• 대학영작문, 학문사, 1991
• 커뮤니케이션 영작문, 부산대 출판부, 1994
• "커뮤니케이션과 인간관계" 외 논문 다수
• 제1시집 "살면서, 살아가면서, 살아가다가", 창조문학사, 2003

안정헌 제 2시집

광야 나그네 길

2014년 2월 20일 인쇄
2014년 2월 20일 발행

지은이 안 정 헌
펴낸이 신 용 호
펴낸곳 창조문학사

서울 서대문구 가좌로 86 동천아카데미 5층
등록번호 제1-263호
전화 02-374-9011 / FAX 02-374-5217

공급처 한국출판협동조합 전화 070-7119-1740

값 10,000원
ISBN 978-89-7734-358-0